LES PLAISIRS

ET

FELICITEZ DE LA

vie Rustique.

Par GERM. FORGET Aduocat au Bailliage, & siege Præsidial d'Eureux.

A ROVEN,

DE L'IMPRIMERIE

De Raphaël du petit Val, Libraire
& Imprimeur ordinaire du Roy.

1605.

Auec Preuilege de sa Maiesté.

AV LECTEVR.

Evx qui dediez à la recherche curieuſe des choſes viſibles en ceſt Vniuers, ont deſiré eux occuper à deſcrire l'eſtat, qualité, & condition des hommes: Quelle diſſimilitudes il y a entre leurs profeſſions: leſquelles ſe trouuent ſouhaitables, ou à fuyr: & balancer a iuſte poix le profit contre la perte: la delectation contre l'amertume: & le repos honneſte contre les occupations vehementes, ſoucieuſes, & penibles, ont (ſans controuerſe aucune) préferé la vie calme, tranquille & ſolitaire, ſe practiquant és villages & endroicts écartez aux delices, bombances, & ſuperfluitez, qui regorgent dedans les grandes villes: & colloqué les Citadins, & habitans d'icelles au deſſous de ceux, ou qui ſaoulez des honneurs populaires ſe ſont volontairement enfermez aux champs pour y viure en patience: ou bien qui font profeſſion abſolue de l'Agriculture: Non ſeulement à cauſe que par le trauail, moyen, & vigilance des derniers le reſte des humains reçoit ſa vie, ſubſtantation & aliment: Mais auſſi ayant égard à la modeſtie, crudeur de mœurs, & autres ſemblables perfections naturelles dont ordinairement ils

12

ſont acomplis: iaçoit qu'on ne puiſſe denier
(comme toutes choſes par traict, ou ſucceſ-
ſion de temps tombent en decadence, & re-
coiuent d'iminution) que la pluſ-part d'entre eux ne ſoit à preſent beaucoup eloingnée
de ceſte bonté, & ſimplicité naïfues qui iadis la rendoit tant admirable. digne d'eſtre
inuitée, & recõmandable à vn chacun. Ce
qui à donné ſubiect à pluſieurs grands & il-
luſtres perſonnages tant Ecleſiaſtiques,
que ſeculiers tant marquez du Caractere
de noſtre relligiõ, que enſorcelez de la pay-
enne, tant Originaires de ce Royaume que
eſtrangeres en reiectãs la frequentation, les
delices, honneurs , & aplaudiſſemens trop
ordinaires aux villes , prédre leur retraicte,
& ſauter hors l'enclos d'icelles , (ainſi que
d'vn nauire percé de tous coſtes)pour ſe ietter dedans les lieux, eſquels auec le repos du
petit monde ſe remarque vne tranquillité
d'eſprit, d'actiõs, & de penſees: tous leſquels
fruits plus agreablement ſe flairent , plus
ſauoureuſement ſe gouſtent, & ſont mangez
auec dauantage de cõtentemét au parmi des
champs, que aillieurs: Dont le diſcours ſui-
uant fera ample recit: ayant pour auant propos, la deſcription des deux grands luminai-
res : la cõparaiſon des profeſſions Ciuile, &
Ruſtique : loüanges de la derniere confir-
mees, tant par experience iournaliere , que
exemples anciénes, & modernes de pluſieurs
Monarques, Empereurs, Rois , & Chefs de
Republiques la vertu de quelques plantes,
Herbes, Animaux, Inſectes, Oiſeaux auec

leur education, & profit qu'ils aportent. Pé-
riphrase des saisons de l'annee : l'exercice
ordinaire des personnes chápestres pendant
le cours d'icelles : Et finalement vn recit des
torrens de malheur que les guerres ciuiles,
troubles & dissension versent en abondance,
non seulemét sur les Royaumes, Prouinces,
& Citez, mais aussi sur les simples maisons,
& familles des particuliers : conferez auec
la douceur d'vne paix agreable, oportune, &
de telle asseurance, & felicité que celle dont
auiourd'huy nous iouyssons. Le total œuure
aussi se remarquera assaisonné, & entrelassé
de plusieurs discours, les vns serieux comme
tirez du cabinet de la Philosophie, Astro-
nomie, & autres semblables sciences graues,
& d'edification. Les autres plaisans : &
employez pour contenter, & recreer (par
vne telle diuersité ou changement) l'esprit
de toy Lecteur qui ne te repentiras, si en dé-
robant quelques heures du iour les moins
profitables, tu daignes voir comme dedans
la glace d'vn Mirouër, ou contempler dé-
peincts, ainsi que sur vn Tableau, les plaisirs que l'estat solitaire attire auec soy.

Adieu.

A iij

IOANN. MERCERVS BITV
RIX. D. GERM. FORGETIO.

Nominis vt cædat xenijs anagrãma recõde
   Hoc: FERT MVSA ROGIGENVS.
Doctrinæ tua sunt, Forgeti, simbola, versus
   Illustres prohibent mori.
Ignauosque premunt æterna morte pudendos:
   Sic FERT MVSA ROGIGENVS:
Quæ si forte tui placeant anagrammata verbi,
   Nostri semper habe memor.

Πρὸς τὸν Γερμανὸν Φορυῆτν νομικὸν,
Ἐπίγραμμα.

Φη:

Ἥρα θεὰ Φορυῆτν ἀπ' αἰθέρος, ἤ τι κε νύμ-
Τόσον ὁ Ζεὺς τέκτων ὕρς ἐποικρατίν
Οὐδένα δ' οὐδέποτ' ἄλλον ἴσως ἐφίλησεν
Ἀθήνη,
Οὐ περὶ κῆρ αὐτῇ μᾶλλον ἕλω ὀδυσεὺς
Ἀσπίδα γὰρ φλογερὰν αὐτῶ, καὶ καρτε-
ρὸν ἔγχος
Δῶκ' ὀσίαν τε ψυχιὼ, ὑψιλόφυς τε λόγυς
πλιὼ σύγ ζεῦ θεία κεφαλῆ ὑπερέσχεο
χεῖρα,
Ἑβροικῶν τε πόλι σῶζ' ἐπ' ἀπημοσύνη.

Γουλίελμος ὁ γλυκὺς ἑβροικὸς
γυμνασίαρχος.

AV LECTEVR

SONNET.

Ce n'est peu de loüange apres tant de trauaux
Suportez au Parquet auecques la victoire,
Prédre noueaux labeurs, et pour nouuelle gloire
De myrte & de laurier s'acquerir les chapeaux.

Assail lant deffédant, au milieu des troupeaux
Hardis à declamer, sans fin sera memoire
De nostre Autheur facód, & que dans le pretoire
S'en trouuét peu qui soient à son merite égaux.

Non lassé, non recreu de seruir de deffence:
Apres auoir bien dit, à bien escrire il pense,
Son liure des Decrets, seruira de tesmoing:

De la, sur Helicon pour labeur tres-insigne
Afin de t'égayer, de grauir il a soing: (gne.
N'est-il pas dóc (lecteur) d'vn los immortel di-

SPERA.

GVILLAVME COSTELLEY,
Vallet de Chambre, & Organiste du Roy.

IN D. FORGETI I.C. VITAE RVSTICAE DELICIAS.

Qvi placidis nostras scriptis moderauerat
    vrbes,
Siluestri calamo transit ad arua canens.
Ille est, qui quondam sublimia carmina scripsit,
    Nunc ludicris celebrat versibus Agricolas.
Illis at fuerat gallos laudasse potentes,
    Et toto æternum spargeret orbe decus
Illi Forgetio tanto maiora Colone
    Debes: in cœlum tollere parua potest.
Hic modo magnates, Diuos, Musasque relinquit:
    Læteris, cultor, laus tibi magna datur.
Ne tamen exultes nimium, tu fossor agelli:
    Nam cum te laudat, Romulidas decorat.
Namque hi temonem manibus tenuere beatis
    Temporibus, terram tunc coluere Dij.
Diua Ceres grauidas mortales vertere glebas
    Edocuit, fructus terra ferebat iners,
Ast agri cultor lætus quatias pede terram
    Quod te diuinis laudibus extulerit:
Ne me tuas Regü tibi tegmina magna patescunt,
    Et tibi (quod maius) cœlica tecta patent.
De Bacchere bibens, pastor, pauperque bubulce,
    En tibi Virgilius carmina fundit ouans.
Ergo Forgetio facias de marmore templum,
    In quo Illi flores tempus in omne feras:

**G. RENANVS EBROIC.
I, C.**

A v

ODE DE L'AVTHEVR,
SVR LE TITRE DE
son liure.

S I pour mieux prononcer harangues
Les miens cheueux estoyent en langues
Changez : ou bien si mon parler
Ressembloit à celuy d'Orphée,
Encor ne pourroit ma pensée
L'aise qui la tient reciter.

Quand loing des trouppes Citoyennes,
Des delices Milesiennes
Elle veut prendre ses ébats
Au parmi d'vn lieu solitaire:
Attendant que la Parque fiere,
Pousse nostre corps au trespas

D'vn si plaisant manoir l'Idée
Se void au cœur humain plantée:
Sans que lon puisse l'arracher:
Non plus que la vieille escriture
Qu'vn Graueur sur la bronse dure
A sceu d'vn burin atacher.

Celuy qui le Phœnix ressemble,
Sous qui le superbe Athos bransle
D'vn seul clin dœil: qui soucieux
De nous, és campaignes dorées
Et par les vaûtes estoillées
Monstre ses effects merueilleux.

Contemplant noſtre humaine vie
De iour en iour eſtre aſſeruie
A cent, & cent mille trauaux,
Pour adoucir telle amertume,
Nos cœurs, & nos eſprits allume
Par le ſon des champs Muſicaux.

Platon met entr'eux difference:
Car l'vn fait viure en patience
La maſſe du terreſtre corps:
L'autre par les Aſtres preſide:
Et le troiſieme ſert de guide
Au ton des diſcordans accords.

Mais la naturelle Muſique
A quoy la ſequelle Ruſtique
S'egaye au plus fort de ſon mal:
Le gazouil des bandes volantes:
Le murmur des ondes courantes,
Et le chant de maint Animal,

Se trouueront (s'il faut des choſes
Eſtans en ce bas Monde encloſes
Sans paſſion determiner,)
Plus graues, fermes, delectables,
Gentiles, douces, agreables
Pour les ſens humains contenter,

Que l'air des mouuantes Cimbales,
Epinettes, Clairons, Regales:
Le vent de la bouche vomi
Dedans les Fluſtes doux-ſonantes,
Dans les Trompettes haut-parlantes,
Et des longs Cornets au parmi.

Que le chant des Lyres cornuës,
Guiternes, Mandores poinctuës,
Et Luths compaſſez au niueau:
La corde deſquels la main pouſſe,
Pour enuoyer vne voix douce
Iuſques au centre du cerueau.

Mais tel ſon eſtimé propice
(Comme tenant de l'artifice)
Eſt par les premiers combatu:
Et le doigt qui ſubtil fredonne,
Et le vent qui contraint s'entonne,
Se void par nature vaincu.

C'eſtuy doncques beaucoup i'eſtime
Qui (plein de bon vouloir) s'anime
A domter d'vn coutre briſant,
Le dos de la terre admirable:
Auquel la rancune implacable
Ne va ſon cœur epoinſonnant.

Qui calant plus bas, ne dedaigne
Mener ſur la verde campaigne
Le Dain, la Cheure, ou le Bouueau:
Les Haraz ſans frein, & ſans reſne:
Ou le gras Mouton porte-laine,
L'honneur vnique, du troupeau.

Qui les draps teints de la ſemence
De l'Alcermez, Vouede, ou Garance
Ne veut ſur le ſien corps ſentir:
Ny les douces laines trempées,
Au ſang des bandes écaillées,
Prinſes au riuage de Tyr.

Qui sain sur tous autres, refuse
Les emplastres de la Ceruse
L'vnguent d'Aloës alteré,
Que l'apprentif de Podalyre
Compose, broye, espand, & vire
Sur le front du mal vlceré.

Les Palais dont les frontispices
Osent aux diuins edifices
(Tant ils sont hautains) s'égaler:
Des fiers Chasteaux les tours puissantes,
Des fossez les douues glissantes,
Ou l'eau se tient sans écouler:

Les beaux vases de porcelaine:
Ceux que le grand Caire promeine
Chez soy: le fin Crystal tiré
De Moran prochain de Venise:
L'argent diffus prez la Tamise:
Et l'or aux flammes epuré.

Les Mets des exquises viandes
Plongez aux entrailles gourmandes
Du Bourgeois: l'homicide vin
Que Grece, Metelin, Candie,
Et l'Espignole Canarie
Trans-mettent sur le dos marin,

Ne luy sont rien, & n'en fait conte:
Mais rempli de modeste honte,
Au lieu des appasts susnommez,
De sa voix les chants bien fluides
Exempts de fard, ses bras languides
Rendent au trauail animez.

L'aſſidu labeur, & la peine
Qu'il prend à cultiuer la plaine:
A guider du bras, & de l'œil,
Ses troupeaux reueſches, le gardent
De viure ocieux, & retardent
L'enuoy de ſes iours au cercueil.

Reiectant l'art de Medecine,
La vertu de mainte racine
Il cognoiſt, & veut eſſayer:
Et delaiſſant la Chyrurgie,
Il ſçait l'Emplaſtre garde-vie
Sans fraiz ſur luy-meſme apliquer.

Son toict, & ſa baſſe logette,
De bois, ou de paille couuerte
Eſt ſon Palais, & ſon Chaſteau:
Et les moins ſuperbes matieres,
Comme draps, & toiles groſſieres
Vont couurant ſa robuſte peau.

Au lieu des tables bien dreſſées,
A luy, les choſes apreſtées
Sans l'aide du chaut Element,
Cuictes par la terre fertile,
Et les pots d'eſtain, ou d'Argile
Seruent de vie, & d'ornement.

Heureuſe donc, & plus heureuſe
Troupe ſaincte, douce, ioyeuſe:
Forcloſe de l'ambition:
Race, des gens doctes cognüe.
Soulas des Dieux, ie te ſalüe
De fois par plus d'vn milion.

Soit que le Soleil marchant, guide
Ses rayons dans le champ humide
Sur qui Neptun de son Trident
Commande : ou bien par l'Assyrie:
Le North, la chaude Barbarie:
Ou sur les peuples d'Occident,

Il ne void rien de plus aymable
Plus sainct, plus grand, & profitab!
Que toy, qui ores te repais
(Apres tant de batailles fieres,
Apres tant d'aduerses miseres)
Des fruicts d'vne agreable paix.

EXTRAICT DV
Preuilege du Roy.

PAr lettres patentes du Roy données à Rouen le quatriéme de Feurier, mil cinq cés nonâte sept: Signées par le Roy estant en son Conseil, Mauguin. Et seellées du grand seau en cire iaune sur simple queuë. Il est permis à Raphaël du Petit Val, Libraire & Imprimeur ordinaire du Roy en la ville de Rouen, d'imprimer ou faire imprimer quelques discours & Recueils, tãt en Prose, qu'en Poësie, de plusieurs sçauans hommes de ce temps, non encores imprimez. ainsi qu'il est plus amplement cõtenu audit Preuilege. Et faisons deféces à tous autres Libraires & Imprimeurs de ce Royaume, d'imprimer lesdites œuures, n'y exposer en véte, tãt en public qu'en particulier, cõtre la teneur des preséftes, pédãt le temps & terme de dix ans, sur peine de cinquante escus d'amáde, despens dommages & interests, comme plus à plain est porté esdites patentes: Et outre voulõs & nous plaist qu'en mettant vn extraict dudit preuilege, au commencement ou à la fin desdites œuures, il soit tenu pour deuëment notifié à tous Libraires, Imprimeurs, & autres. Car tel est nostre plaisir. Fait l'an & iour dessusdit.

LES PLAISIRS, ET FELICITEZ DE LA VIE RVSTIQVE.

VERS HEROIQVES.

IE RESSEMBLE *au soldat, qui*
lassé de combatre:
De voltiger aux champs, de mu- Simi-
railles abatre, li tu-
De fossoyer vn camp, de planter de.
dans le cœur
De son fier ennemy quelque tremblante peur:
Et d'estre au chappelis d'vne esmeute cruelle,
Lors qu'on force les murs d'vne cité rebelle.
En fin luy se trouuant acablé iour & nuict,
Des labeurs que Bellonne auecque soy conduict:
Desirant s'exempter du vacat militaire,
Pour viure desormais en vn lieu solitaire,
Forclos de tant de maux : ou soit en garnison,
Ou dans l'enclos secret d'vne sienne maison:
Craignant que de ses bras l'effort ne s'allentisse,
Et sa viuacité par seiour ne perisse,
Pour adextrir ses nerfs, ses muscles, & ses os,
Ne veut pas neantmoins s'affranchir de repos:
Ains ennemy iuré de la paresse lente,
D'vn moderé trauail son esprit il contente:

B

Soit à picquer chevaux, ou à corps eslancé
Bondir dessus vn mur, ou franchir vn fossé,
Ou desbander vn arc:ou bien contre la terre
Bien au loin reietter quelque pesante pierre.

Ainsi apres auoir tendu dessus nos lois
Les nerfs de mon cerueau (lequel aucunefois
De trauail excessif deuenant mol & lasche)
Qu'aux affaires pesans volontiers ne s'attache:
Lors que par le hazard de quelque bon succés,
Ie me voy despestré de l'horreur d'vn procés,
Qui sort y des boyaux du grand monstre de Lerne,
Horrible de regard, & de pieds, & de cerne,
Plus on va par le fer ses testes moissonnant,
Et plus on l'apperçoit sertile rendissant:
Ie visite gaillard la docte Poësie,
Par moy dés le berceau pour maistresse choisie.
O fille de Minerue, ô semence des Dieux:
O de ce mien soulas & le plus & le mieux:
O troupe de tout bien noble, sçauante & sainte,
Habitant les sommets du mont à double poincte:
La terre dans son sein tout vif m'engermeroit:
L'eau dessous ses grands flots mô ame estoufferoit,
Et le Soleil bien tost m'osteroit sa lumiere:
La perte, le mal-heur, le fascheux vitupere,
Viendroient incessamment mes deux pas talonner:
L'air dedans mes poulmons ne voudroit entonner
Son vent refreschissant: & bref, du ciel la foudre
Mes os pourroit casser aussi menus que poudre,
Si i'estois refusant à tous faire sçauoir
Les faueurs que i'ay sceu de ta main receuoir.

Par toy côblé d'ennuys (dôt la mordâte oppresse
Asseu poindre les ans de ma verde ieunesse)
Ie respire panthois de tant de millions
De troubles, de sanglots, doubtes, & passions,

Sans cesse becquetans le hault de ma pensee,
Comme l'Aigle rongeant le cœur de Promethee.
Mais (làs!) tãt plus gloutõ de son cœur il se paist,
Et tant plus à l'instant plus entier il renaist:
Imitant la façon de ces vagues humides,
Qu'espandent (mais en vain) les folles Danaides,
Vefues de leurs espoux: Ainsi loin de repos
Ie flaitris ma couleur & desseiche mes os
Soubs le ioug trop pesant d'vne rigueur cruelle,
Qui dans mon souuenir dure perpetuelle.
Par toy quãd le bõ-heur des hauts cieux prouenãt
Vient de mes actions l'effect espoinçonnant,
Tu me fais la faueur par diuines prierẽs,
Que pas ie ne m'esleue aux grãdeurs iournalieres:
Et aussi qu'aux assaults de quelque aduersité
Ie retienne tousiours la mesme fermeté
Dont ie soulois orner de ce mien front l'adresse
Aux plus rares faueurs de l'aueugle Deesse.

　　Tant plus l'enfant pretend faire courber en bas
Du Palme Idumean & la fueille, & le bras,
D'autant plus vigoureux en hault il se releue:
Tant plus le fier Neptun vomit dessus la greue
D'escaillez nourrisons, tant plus il en reuient:
Le pré souuent tondu plus fertile deuient:
Et le rocher planté dans les mers furibondes.
Se reforce au choquer des effroyables ondes.
De pareille raison l'homme constant & fort,
Du rigoureux Destin ne redoute l'effort,
Qu'il n'applique plus gay le vif de son courage
Aux dangers menassans quelque prochain orage.
　　Et bien que d'vn tyran l'auide cruauté
Eust à mille tourmens le sien corps dedié:
Qu'il ouyst sur le hault de sa peureuse teste
Auec esclairs brillans s'eclater la tempeste:

Simi-
litu-
de.

B　iij

Qu'il entendiſt, helas ! de combien eſt menu
Le filet, par lequel noſtre ſort eſt tenu :
A l'exemple d'vn Roy, qui ſa Philoſophie
Aſſaiſonna iadis d'vne meſchante vie,
Gouuernant le terroir, où pres les tiedes eaux
D'Athne, le Dieu Vulcan allume ſes fourneaux:
Bref, quand les Elemens de la ronde machine
Auroient tous d'vn accord comploté ſa ruine,
Il ſera neantmoins immobile, & ſans peur,
Demeurât de luy-meſme & des autres vainqueur,
Au grand eſtonnement de l'inconſtant vulgaire.

   Dont (Vierge, de tous arts le parfaiĉt exemplai-
Ie me rends de-rechef captif entre tes mains, (re)
Apres ſi grãds trauaux, pour mõſtrer aux humaĩs
Que ie ſuis maintenant embraſé d'vne enuie
De chanter LES PLAISIRS DE LA RVS-
     TIQVE VIE,
D'vn ſtile tendre & doux : car le ſuieĉt petit
Doit aux Apollinins enter vn appetit
De baſſement traiter choſes, dont la nature
Ne requiert l'appareil de ſi braue eſcriture,
Comme iadis eſtoit le parler ancien
De ce Panegyric, lequel l'Italien
Aiguillonné du fil de ſi rare harengue,
Conuoiteux a voulu transferer en ſa langue.
Et ores que ie vole en ce diſcours trop bas,
Ce neantmoins encor ie ne deſire pas
Que des ſauuages Dieux la champeſtre brigade,
Par vn œil refrongné, de trauers me regarde :
Ie les honore tous. Souuent vn grand monceau
De ſageſſe reluit ſous vn pietre manteau :
Et des Conſuls Romains les haches tref-inſignes,
Des foreſts & buiſſons ne ſe trouuent indignes.
   De vous cœleſtes feuz, I'inuoque le ſecours

Qui rodez l'Vniuers de mille & mille tours,
Qui gouuernez la terre, octroyans nourriture
(Par le vouloir diuin) à toute creature.
Astres presque iumeaux, l'vn de vous deux reluit   Le So-
Et preside en plein iour: & l'autre par la nuit   leil &
Efface des mortels la peine iournaliere,   la Lu-
D'vn humide sommeil leur gluant la paupiere: ne.
De toy Thœbus diuin les coursiers attellez,
Dardent premierement les Indois emperlez.
Au leuer saffrané de l'Aurore azuree,   Le So-
Donnant commencement, & fin à la Iournee: leil.
Puis ayant embelly de ton char radieux
Les cantons arrengez sous la voûte des cieux,
Lassé de tant de pas, ta splendeur se deuale
Iusqu'au centre profond de l'Ourse Boreale.
   Et toy fille des Dieux au viaire argentin,
Courant incessamment du soir vers le matin,
Et dont le train mobil chasque mois renouuelle,   La Lu-
Ainsi que l'Ocean ta fraischeur naturelle   ne.
Attiedit du Soleil les rayons trop bruslans,
Les rayons chasse-froid: & vous deux conduisans
D'vn fraternel accord vos celestes lumieres,
En ornants l'Vniuers par exquises manieres,
Placez (heureux maçons) sur tres-fermes piliers
Du bastiment rural les fondemens premiers.
   Vous iouuenceau Bacchus, & vous Ceres la blöde   Bach-
Prouides despensiers de la masse seconde,   us &
Assistez à mes vers: qui le Gland coustumier   Ceres
De nourrir les humains du vieil aage grossier   nour-
Auez sçeu dedier pour seruir de pasture   riciers
Aux infames Pourceaux: qui par science obscure   des
Monstrastes cy deuant, comment le mal Raisin   hu-
Se deuoit cultiuer, pour en tirer du vin   mains.
(Peruerse inuention!) la liqueur homicide,

B iij

Et forte la plonger dans l'onde Acheloïde.

Accourez à mes chants, ô Satyres cornuz,
O Syluains forestiers, ô Cheure-pieds veluz :
O Pan laissants les bois, qu'enfante l'Arcadie,
D'escouter ma chanson qu'il te prenne vne enuie:
Ie descris tes grandeurs. O diuines beautez,
Le vegetif esprit des arbres escartez,
Dryades garde-bois. O Nymphettes ioyeuses,
Le seul contentement des flammes amoureuses,
Leur vnique soulas, qui dans l'antre profond
D'vne obscure forest, tournantes en vn rond,
Par mignardes chansons, par doucettes aubades,
Faictes piroüeter vos rondes vertugades,
Que les Faunes lascifs rehaussent quelquefois
Abandonnez des eaux, des plaines, & des bois
Les demeures forains : & en quittant la dance,
D'escouter les miens vers que chacune s'auance.

    O l'hôme plus-qu'heureux, qui loin des mesdi-
Com-
men-
ce mét
de la
narra
tion. Loin du parler fardé des masquez courtisãs, (sans,
Dedans l'enclos herbu de sa maison petite
De laictages viuant, auecque peu de suite,
Souhaite (en forlignant du vice doux-amer)
L'outre-plus de ses iours en repos consommer:
Qui distant du flambeau de ciuile querelle,
Cultiue auec ses bœufs sa terre paternelle,
Et de morne paresse éuitant les appasts,
Ensuit de ses Maieurs les traces, pas à pas.

    Cestuy certes exempt de la bague importune,
Que respand sur nos chefs la glissante Fortune,
Attraper ne pretend vn espoir incertain,
Pour se nourrir de froid, & de peur, & de fain.
Il n'aspire glouton à paster son courage.
(Comme plusieurs de nous) de l'execrable rage
D'acheter des honneurs dignes des anciens:

Quand pour y preuenir par sinistres moyens
Couchons en vn moment, ce qu'en toute leur vie
Nos peres ont acquis par soigneuse industrie.

Il euite songeard, il a peur d'attoucher
Le pinceau rayonneux d'vn antique Nocher,
D'vn Pilote sçauant: car point il ne desire,
En estant prisonnier dans vn fresle nauire,
De neuf doigts seulement esloigné de la mort,
S'esgarer du foyer, du riuage, ou du port,
Tour chascu'an voiéturer sur le dos implacable
De la perse Thetis, le pacquet delectable
Contenant la Canelle, & le Sucre, & l'Encens,
L'honneur le plus exquis des champs Assyriens
Auec l'Or, & l'Acier, dont le marchand auare
A bien sceu despouiller le riuage barbare.
Au surplus n'escoutant gronder les flots mutins,
Qu'vn craintif Citoyen par le frais des matins,
Des creneaux d'vne Tour pres la greue plantee,
Apperçoit voltiger sur l'escume salee.

Le Tambour resonnant, la Trompette d'arain
Ne le fait de son lict leuer sur le serain:
Ou Gendarme felon, ou Soldat redoutable,
Il ne craint les effects d'vne alarme effroyable.
Il n'oit les Martiaux par cent mille façons
S'animer au conflict, de scadrons en scadrons:
Le froissis des harnois, le cliquetis des armes,
Craquantes sur le dos des plus rudes Gendarmes
N'apperceuãt encor les corps par grãds monceaux
Des combatans occis soubs les pieds des cheuaux,
Humides & fangeux, d'auoir parmy la plaine
De leur test fait voler la ceruelle inhumaine:
Laquelle de fureur bouillonne sur le champ,
Ou plus grand s'est monstré le chapelis du camp,
L'estour le plus sanglant: pourueu que ce Rustique

A suyure son vacat, & non ailleurs, s'applique.
Car ie n'ay volonté peindre dans ces miens vers,
D'vn Prothé peu raßis les changemens diuers:
D'vn cerueau remüant, ombrageux, ou volage,
Vacilant à tous coups, comme le verd fueillage
De l'arbre tremblotant soubs les tiedes souspirs,
Attrainez au Printemps par les tendres Zephirs.
Ie ne veux employer ny ma main, ny ma plume
Parlant de celuy-là, dont la veine s'allume
A cent professions, à suyure en vn seul tems
Milles mestiers diuers: moins encor ie pretens
Chanter le Villageois au maintien pacifique,
N'ayant dequoy fourrer en sa dent famelique:
Qui batu maintefois de la pluye & du vent,
Tortant son fils au col, son pain court mendiant
Reuestu de haillons, en vne terre estrange:
Qui loin d'vn lict molet se veautre dans la fange:
Ou repose chetif soubs les toicts herißez,
Ses membres de trauail, & de faim haraßez.
Mais seulement ie veux le mignon de Pomone
Extoller iusqu'aux cieux, qui vigilant s'adonne
A vouter de ses doigts vn antre cauerneux:
A ployer soubs le faix ses gros membres nerueux:
A garder ses troupeaux, à deschaußer vn ente:
A marier le cep de la vigne plaisante:
Et dont le naturel ne s'est point escarté
Des vestiges obscurs de l'antique bonté:
Mesmes qui trop nauré de voir son chãp en friche,
N'aspire viuoter trop pauure, ny trop riche:
Ains grandement content d'vn modeste repos,
Le souhait effrené deniche de ses os.
    Les Citadins reclus en la place frontiere,
Qu'enceinct estroictement la puißance estrangere
D'vn vaillant ennemy, voyant de toutes parts

Les obliques tranchees fourmiller de soldars.
Apperçoiuent craintifs du hault de la muraille,
Les escadrons mutins s'arrenger en bataille:
Les Chefs s'entr' animer, brandiller les Guidons
A l'appetit du vent: & les doubles canons
Vomir contre les Tours, & les bourgeoises loges,
Mille boulets souffreux de leurs fumantes gorges
Dont l'air circonuoisin mugit retentissant:
Dont le bruit redoublé, dont le son éclatant
Racle de l'Embrion la vigueur trop nouuelle,
Tarissant le canal de la pleine mammelle,
Au grand estonnement du pleureux nourrisson:
Au surplus fracassant (ainsi qu'vn tourbillon
Du Northois iauelot) les hautaines gautieres,
Et le corps emplombé des lucides verrieres:
(Chose hideuse à veoir!) & puis quand il aduient,
Le Ciel le permettant, que l'ennemy deuient
Par armes le seigneur de la ville assiegée,
Felon il trempera le fil de son espee
Dans le sang innocent, & ne distinguera
Le sexe non guerrier, de celuy qui sera
De tout le mal commun, de l'entiere ruïne
La source, l'inuenteur, le chef, & l'origine.
    Mais le Cererien, le calme laboureur
Se void targué des traicts du martial horreur:
Sinon quand il ressent (ô malheureuse oppresse!)
Du soldat son voisin la dextre pilleresse:
Auquel ne suffit pas de soudain rauager
Ce que son hoste a sçeu par long temps amasser,
De le noircir de coups : mais auec grand diffame
Force deuant ses yeux ou sa sœur, ou sa femme:
Et la mere tirant par le cheueul grison
Hors du foyer cendreux de sa pauure maison,
A l'honneur de sa fille, il voudra faire outrage:

B v

Semblable au chien felon, au chien remply de rage,
Qui au sang empourpré de l'innocent troupeau,
Dont il est le gardain, fait rougir son museau.

Les Onces d'Adrumient, les Elephans d'Indie,
Les grãds Loups claque-dẽts qu'alaicte l'Hyrcanie
Les Ours hostes cruels des monts Sauoysiens,
Et les Tygres nourris aux champs Armeniens,
Vers les humains infus de la diuine Essence,
Ne voudroyent exercer vne telle inclemence,
Non plus que d'Othoman les enfans genereux:
Car ayant vne fois d'vn bras victorieux
Auec le Cimeterre, & la guerriere lance
Decoupé sur les champs la Chrestienne vaillance:
Apres auoir encor par belliques arrois
Reduit dessous leurs pieds les peuples & les Rois
De Grece, d'Hellespont, de Thrace, ou Bulgarie,
Ou les hauts nourrissons de la chaude Mysie,
Ou les Silesiens, ou bien les riuagers
Du Danube, abondant en extrémes dangers:
Ils estanchent adonc la soif de leur cholere.
Plus le grand coutelas, plus la dague meurtriere,
Et plus de ce Dieu Mars le funeste brandon
Sur le chef des vaincus ne court à l'abandon:
Ains peres du païs par eux conquis, ne pensent
Qu'à punir les brigands, qui fauteurs les offensent
N'ayans autre proiect, autre soin autre but,
Qu'à doucement cueillir d'ordinaire tribut.
Les animaux susdicts tel exemple nous monstrent,
Car si en leur chemin, de hazard, ils rencontrent
Les timides troupeaux, les escadrons legers
Des passants viste-pieds, des Pastres, ou Vachers,
Qui tremblãts de frayeur, plat à leurs pieds se cou-
Ils passẽt pl⁹ auãt, et benins ne leur touchẽt (chẽt,
Mais pour vn tel eschec iournalier embrassant.

Ces hommes, il ne faut s'en aller mesprisant
Le champestre soulas, la soüefue Agriculture.
Ainsi du Dieu viuant l'eternelle nature
Esprouue les humains, auecques le doux miel,
Entremeslant souuant l'amertune du fiel:
Pour sonder si plongez au profond des miseres,
Ils viendrõt (desplaisans de leurs brauades fieres)
Detester leurs forfaicts deuant sa Maiesté.
Ainsi quand du Soleil la courante clairté
A couuert ces bas lieux, on void sur la prairie,
Et sur les champs, tomber vne orageuse pluye:
Comme par oposité aux Champs de l'Apennin
Les neiges vont à val : le noircissant venin
Deuient aucunefois benin & salutaire:
Tousiours Phebus doré ne trempe sa criniere
Pour moite l'espurger: les rampars eleuez
D'Istre, ne sont iousiours de glace herissez:
Et la mer furieuse incessamment ne vire
Ses ondes courroucees vers le flanc du nauire:
Et mesmes Iupiter n'eslance de ses mains
Le foudre à chasque fois sur le chef des humains.
Ce qui nous rend certains, que l'instable Fortune
Ne se mõstre en tout temps marastre & importune:
Veu que tout animal en ce monde tirant
Le commun souspirail, conuoiteux va cerchant
L'adresse, le moyen, la façon, la science
De viure bien-heureux, d'estre forclos d'offence.
Et de flairer l'odeur d'vn honneste plaisir.
Ie m'estonne beaucoup, qu'vn extréme desir
Ne saisit nos desseins d'abandonner les villes,
A fin d'embrasser l'heur des campaignes gentilles,
Des montaignes, & bois: qu'on ne quitte soudain
Les demeures confits de tristesse, & de soin,
Les Palais angoisseux, les prisons volontaires,

Pour habiter és lieux lointains, & solitaires:
Où la meschanceté, le debat, & l'orgueil,
N'acconsuyuent nos pas dãs l'obscur d'vn cercueil:
Où toute pureté de parler, & de vie
Bannit d'elle bien loin la feinte hypocrisie,
La rencœur, le delict, querelle, & trahison:
Où pendant le marcher de chacune saison
De l'an ne s'apperçoit qu'vne saincte liesse,
Charmante les regrets qu'apporte la vieillesse.

　　Hé! quel contentement que d'estre en liberté,
Guidant ses iours premiers, de l'enclos eloigné
Des Citez, & des Bourgs, pour curieux entendre
Les choses que lon peult en l'Vniuers apprendre!
Que preuoir par l'aspect de ces nocturnes Feux,
Si le temps deuiendra serein ou pluuieux,
Si le vin sera cher, si le cours de l'année
Auec tribut rendra la semence iettée!

　　Respondez Citoyens (ainsi le grief tourment
Du toict de vous maisons s'escoule comme vent:)
Estes vous point ioyeux en contemplant la Rose,
Et la fleur qui du sang d'Aiax se veit éclose,
Enceindre les chemins d'vn champestre verger?
Vostre esprit est-il point plus dispos, & leger,
Quand couchez sur le dos, pres les riues bruyätes,
Il vous plaist escouter les ondes murmurantes
D'vn argentin ruisseau, s'entresuyure, & heurter?
Le gazouillis des flots, la douceur du choquer,
Et le trauail passé, glissants dedans les veines
Vn dormir soupissant & vos sens, & vos peines?
Mais ce qui garde encor que le profond sommeil
Ne court si chaudement aux portes du resueil, (ge,
C'est d'vn Saulle, ou d'vn Pin le verdoyät fueilla-
Ombrageant & les eaux, & l'esmail du riuage.

　　A l'entour de vos flancs mille petits oiseaux

Chanteront à l'enuy plusieurs mottets nouueaux,
Mille sainctes chansons: par le fond des vallees,
Vous enceindront d'vn pré les serpentes saignees,
Les canaux trauersains: & s'il aduient encore
Que le somme se meure au coucher de l'Aurore,
Vous pourrez, esbaudis, cognoistre és enuirons
Des terres my-pâchez, des costaux, & des monts,
S'esgayer les Bouueaux, & la bande excellente
Des Poullains & Cheuaux, deuenir hanissante
Apres le fier haraz, bondir, & sauteler,
Surgir capriolants par le vague de l'air:
Quand des pieds de deuāt, & de ceux de derriere,
Ils font iusques aux nues esleuer la poussiere.
    De grace dictes moy, le béller des Aigneaux,
Le grōdemēt hautain des Gorrets, ou Pourceaux:
Des Vaches, & des Bœufs l'oraison mugisante:
De l'Asne paresseux la voix trop éclatante:
Le barit enroüé des Elephants mutins:
L'hurlemēt, & l'abboy des Loups, & des Mastins,
Est-il pas moins fascheux, & plaisant dauantage,
Que le sale propos, que l'infame langage
Du Citadin oisif: lequel diffamera
L'honneur de son prochain, & menteur ozera
Des femmes brocarder la chasteté luisante,
(Tant il est malheureux) par sa langue picquante?
    Non non, n'estimez pas que le chāt douloureux
Du Cygne, deuenu ia vieil & langoureux,
Quād dessus les roseaux, quād dessus l'herbe tēdre
la mort tranche ses ans aux riues de Mæandre:
Ne croyez point aussi que le cry my-forcé
Du Liéure, ou du Renard par les Chiens élancé:
Que du Coq prophetiq la chanson horlogere,
Le babil coaçant de la Grenouille fiere
Le rugit du Lyon, le miauleux effroy

Du chat, ou bien du Paon, affectant le conuoy
De ses rares amours, ne soient plus delectables,
Plus entiers, plus accorts, plus doux, & profitables
Aux paisibles esprits, que le maintien pipeur
De l'auide marchand, du marchand affronteur,
Couuant mille malheurs, & forgeant sur l'enclume
De son cœur, vn propos tout confict d'amertume,
De mensonge acosté d'vn serment, dont cestuy
Trop bruslant d'attraper les cheuances d'autruy,
A tous mots, ornera le fil de sa harengue.

   Ie postpose à ces cris, la fretillarde langue
D'vn subtil Procureur, d'vn Conseil bizarré
De repugnant aduis, d'vn Iuge desbordé
Par faueurs, & presens, pour du pauure pupille
Faire rendre à tous coups la defense inutile:
Car ces hommes garnis de regard, & de mains,
Contraires au Senat des antiques Thebains.
Engloutiront (helas!) par leur voix piperesse,
Du simple Villagois le temps, & la richesse:
Bien peu memoratifs que l'Eternel, vengeur
De toute iniquité, l'vnique protecteur
Du sexe miserable, & le chef de Iustice,
Enfin soit prez, ou loing il punira le vice:
Et bas fera tomber de leurs sieges dorez,
Les Iuges qui se sont de forfaits emparez.
Le Persique Cambyse, & autres du vieil aage
Nous pourroyent de cela rendre seur tesmoignage.
Ce que n'apperceuons és plaines arriuer,
Ou sans procés chacun appete d'escouler,
Mangeant du pain obscur, le surplus de sa vie:
Où les hommes égaux l'extréme ialousie
Ne regne : où le passant ne se trouue mocqué,
Deceu, prins, ny trahy, sous vn Adieu masqué.
Là d'vn œil connoiteux le Rustique n'aguigne

De son pauure prochain ne le clos, ny la vigne,
La seruante, le bœuf, les biens, ou les moyens:
Là les Farceurs ne iouent : là les fins Ruffiens,
Les messagers d'amours, les vieilles macquerelles,
N'enlacent en leurs rets les peu-cautes pucelles:
Et ne prouoquent pas le chant delicieux,
Pour estaindre le feu d'Hymē aux blōds cheueux.
    Ie vous aime, & honore, ô saincte Agriculture,
Don ayant cet égard que donnez nourriture
A tous les animaux, soit remplis de raison,
D'estre, de sentiment, de soin, ou d'oraison:
Non d'autant qu'enfantez obliquement la laine,
Et le ver porte-soye, honneur de la Touraine,
La cire, la chandelle, & la toile de lin,
Dont reluit entre nous le mystere diuin:
Mais ie suis my-contrainct de respecter sans cesse
Vos effects, repensant que vous seruez d'adresse,
D'eschelle, d'escalier, de guide, & d'instrument,
Pour diriger nos cœurs au sacré sentiment:
Pour monter au paruis des flambans edifices,
Estonnans les humains de leurs hauts frontispices,
De leurs rares beautez : & pour nous faire voir
Par l'aspect des bas lieux, le celeste pouuoir,
Car si touchez au cœur de la solicitude,
Tranquilles il nous plaist entrer iusqu'en l'estude
Des Physiques secrets : Si nous leuons les yeux
En haut, tout à l'instant apparoistra des cieux
L'excellente rondeur, leur estofe azurine:
Vn air mouuant tousiours, dōt le courroux s'anime
Et se modere aussi, le fretillant mouceau
Des atomes legers, l'innombrable troupeau
Des grāds corps lumineux, trainās dessus les ondes
Et les tertres bossus, leurs splendeurs vagabondes:
Si plus bas on pretend eslancer son regard,

On verra l'Ocean immobile rampart
Du globe limonneux, acconduire sa bande
Mutine, par les lieux où Neptun le commande:
Et toutefois craignant d'espandre maints trauaux
Sur nous, ne franchir pas ses naturels canaux:
Fluer, & refluer quand son eschine large
Sur le prochain grauois chasque iour se descharge.
Plus outre on cognoistra le fangeux bastiment,
Sur lequel nous marchons, estocqué iustement
(L'essueil entrelaçant par le milieu, la masse
Du pourpris pondereux de ceste terre basse)
Entre l'air, & ceux-là, qui marchants renuersez,
Viuent contre nos pas droictement opposez:
Si que le corps roulant, la sphere terrienne
Semble vn nid suspēdu dãs les flancs de la Canne.
Et neantmoins encor le pere gris Atlas,
Sou-leue genereux par l'effort de ses bras
Ce pesant Element, dont les faces conuertes
Tréluisent lambruchees de mille cottes vertes:
Dont le front tapissé iournellement produict
Toute sorte de biens, toute espece de fruict:
Sans qu'vne des saisons trop conuoiteuse, embrase
De l'autre la nature, & l'effect, & la place.
Parquoy bien informez que si grand mouuement,
Attirant les chesnons du branslant Firmament,
Ne se pourroit regir en telle antipathie
De simples differents, sinon par l'harmonie
D'vn Pulsateur diuin: franchement il nous faut
Aduouer, confesser, & croire, que là haut
Preside vn Tout-puissāt, qui d'vn seul clin de veüe
Nous peut escarbouiller comme poudre menüe:
Qui gouuerne les ans, les iours, & les saisons:
Qui resout les humeurs, les vents, & les glaçons:
Qui comble l'air d'oiseaux, & qui la mer profonde

Fait germer de poiſſons és abyſmes de l'onde.
Et non pas eſtimer que le globe fecond
Roule ſans conducteur : que ce manoir profond,
Et le celeſte auſſi, par cauſe fortuite
Puiſſent diſpos virer leur eternelle ſuite.
Car ſi dedans le haut, la fin, & le milieu
Du monde vniuerſel, ne ſe trouuoit vn Dieu
Infiny de puiſſance : ou qu'iceluy n'euſt cure
De nous, comme a tenu le reſueur Epicure:
Rien ne ſeroit icy bien ſeur, ny bien reglé:
Cela ſeroit ſemblable à l'enfant aueuglé
Dés les ans du berceau, guidant parmy la plaine
Puis ça, puis là, ſes pas où le hazard le meine.
Car on confeſſera librement, que le train
De Fortune eſt touſiours douteux, & incertain.
Mais quand on aprendra la borgne deſtinee,
Ne deſcocher ſes traicts vers le cours de l'annee,
Que le Belier celeſte au viſage vermeil,
Du Printemps vigoureux auance le reſueil,
Quand le ſoleil rompant les huis de ſa carriere,
Rayonne ſur les rochs ſa naiſſante lumiere,
Recolorant les prez, les vignes, & les champs,
Demeurez par l'hôneur de l'Hyuer, languiſſants,
Puis l'Eſté conduiſant ſa chandelle trop forte,
Aux humains la chaleur, & les fiebures apporte:
Que l'Automne de loin les catharres couuant,
Du Chien beant d'ardeur les traces va ſuyuant
Pour les fruicts conſommer, & que le Capricorne
En fin ouure l'Hyuer de ſon humide corne:
Que tout marche d'vn ranc certain, & compaſſé:
Que rien de la raiſon ne court outrepaſſé:
Ces choſes remaſchants, nous ſerions ſans memoire,
Nous porterions vn cœur ou de plomb, ou d'yuoire,
Vn groſſier ſentiment, vn courage felon,

Si promptement picquez du hautain aiguillon
Nous ne recognoissians celuy, dont l'excellence
Attroublit de beaucoup nostre basse puissance.
Et bien que l'Eternel expiant le peché
De l'homme premier-né, vengeur l'ait attaché
(Apres l'auoir banny des plaines Elisées)
Sur le front my-desert des terres desoleés:
Et que pour le punir de son graue meffaict,
De son ambition, Pere-doux, luy ait faict
En lieu de la prison, en lieu de penitence,
Engresser de ses mains la corne d'abondance,
Degouter de sueur: neantmoins curieux
De l'honneste soulas du mignon des hauts cieux,
A tous ses successeurs le Recteur de Nature,
A voulu conceder la douce Agriculture:
De sorte que l'on voit vn grand contentement
Bouillonner du canal, dont tout premierement
Le desastre piteux auoit sceu rendre peine,
De trop ameres eaux, la terrestre Fontaine.

    Comme Telephe, estant d'vn rude coup d'estoc,
Presque reduit és traicts de la sanglante mort,
Ressentit (aussi bien que ce a son Pherée,)
De son pristin estat la vigueur reparée
Par le fil rigoureux du premier coutelas
Qui l'auoit offensé, de sorte qu'vn seul bras
Auecque soy portoit & l'heur, & la ruine:
Comme le Scorpion prépare medecine
A ceux picquez au vif de ce fier animal,
Versant en vn seul temps & le bien, & le mal,
Ainsi au vieil Adam ayant esté l'vsage
Du rustique labour laissé pour appanage:
Certes nous ses enfans, qui çà bas desirons
Esponger l'air vital au souflet des poulmons,
Sommes par trop heureux, quand la Diuine grace

Dans les chãpestres lieux quelquefois nous enlace:
Car benings nous viuons, chaſſans de toutes parts
Les soucis deſplaiſans, & les ennuys rongeards,
Precipitans nos iours és riues Stygieuſes,
Où l'eſpeſſeur des toncs rẽd les eaux ombrageuſes.
    Et ores que l'humeur du ſauuage Timon
Ne puiſſe m'agréer, qu'au ſeul bruit de ſon nom
Ie bondiſſe de peur, que mon poil ſe heriſſe:
Comme celuy ſortant du col de la Geniſſe   Simi-
Es liſieres d'vn bois d'auenture eſcoutant   litu-
Vn Lyon affamé, de ſa queüe battant   de.
Ores ſon poil rebours, & ores la pouſſiere:
Puis marchant au galop, d'vne parade fiere,
D'vn maintien reſrongné, d'vn aſpect fort affreux
Trainer mille flambeaux au perthuis de ſes yeux,
Ce craintf animal ayant doute que l'ire
Du Lyon, ſes boyaux & ſa peau ne deſchire,
S'enfuit auſſi leger, que le Parthe marchant
En vn rude conflict iette ſon dard ſiflant: Simi-
Que l'eſclair vient à coup esblouyr noſtre veuë,   litu-
Au partir auancé de la concaue nuë   de.
    Bien que ie face cas, bien que ie priſe auſſi
Ie deuis, & le bal, contraires au ſouci,
Le politique hant, & que ſans compaignie
Ie ne puiſſe tramer le filet de ma vie:
Nonobſtant tout cela, quand vn ver outrageux
Rongeote mon eſprit, quand Saturne faſcheux
(M'ayant de longue main par cent mille manieres
Rigoureux fait tomber és nœuds de ſes panthieres)
Rend d'affaires peſans mon viſage ſongeard,
Ie me ſens renforcé, ie me trouue gaillard
De cœur, de ſentiment, d'eſprit, & de parole,
Lors qu'exempt de Cliens, dedans ma main ie cole
Vn volume parlant de l'antique ſaiſon,

Visitant, studieux, les riuages d'Yton:
D'Yton lequel trainant son onde argentelette,
Contente des prairies la toison verdelette.
   O Ruisseau crystalin, tes petits flots marchans
Ornent d'œillets, de thym, & de lis blanchissans
Ton bordage voisin: & tes fangeuses plaines
Puissét courber d'espics, & de fruicts estre pleines.
Asseure toy, pendant que mon cœur bondira
Que du fond du gosier le parler sortira,
Pour és dents le former: & tandis que la flamme
Vigoureuse, tiendra prisonniere mon ame
Dans la masse du corps: le mien vers deduira
Ton los, qui respandu sans cesse florira.
Plustost dedans ses flots l'Ocean m'engloutisse:
Plustost frappé d'vn plomb sur le champ ie perisse:
Plustost de iupiter le foudroyant marteau
Tombant du Ciel fumeux, me froisse le cerueau:
L'air soit priué d'oiseaux: le grauois ou l'arene
Ne flotte à grand monceaux és deserts de Cyrene:
Les eaux iront à val sans vagues ny poissons:
Au temps que l'ardent Chien reiaunit les moissons,
Dans ses champs fourmétiers nostre Beausse fertile
Ne verra du François brandiller la Faucille:
 Bref, le Medois plustost sans coupe ny vaisseau,
Du Rhin engorgera chasque iour la claire eau,
Que ie taise ton los, que ta celeste gloire
N'entre iusques au cœur du temple de Memoire.
   Ce qui m'astraint, songeard, tant de fois admirer
Le champestre seiour, hausser, & rehausser
Plus que des Empereurs les royaux diadémes,
Le villageois soulas iusqu'au voûtes suprémes:
Ce que plusieurs viuants és vieux siecles premiers
Ont sceu parangonner les sceptres aux leuiers,
Preferans la douceur de la case Rustique

Au fascheux gouuernail de quelque Republique:
Ce n'est tant seulement la grossiere bonté
La carence de mal, la rondeur l'equité,
Dont à l'œil nous voyons ceste troupe innocente
Par dessus tous estats se remarquer exempte.
Ce ne sont d'abondant les trop gluants attraicts
Du soulas moderé: les fleches ny les traicts
Empennez de miel, dont la paresse molle
Ses disciples oisifs iournellement affolle:
Et desquels toutefois le Rustique escarté
Des Citoyens debats, se tient pour asseuré.
Mais l'exces corrosif de manger & de boire
Les habits decoupez, le plaisir transitoire
Deriué du flambeau de la belle Cypris,
Debilitant nos yeux, nos sens, & nos esprits,
(Dont Tellure affranchit sa cohorte sacree)
Me seruent d'esperon, pour d'vne aile doree,
Hardy, faire voler les rayons de leur nom,
Depuis les lieux premiers où se leue Apollon,
Iusques aux bords lointains de l'onde glaciale.
    Tandis que de Ceres le nourrisson trauaille,
Hé n'est-ce pas horreur? hé, n'est ce pas grãd cas,
 Que le bourgeois mignard, en vn seulet repas,
Hastif, engloutira dans sa gorge friande,
Plus de vin, de poisson, de pain, & de viande,
Que cestuy ne feroit en toute la saison,
Où le Soleil des cieux trauerse l'Orizon?
    O le grand-creue-cœur de voir & contempler
L'artisan, soit tailleur, maçon, ou charpentier,
Ayant roidy ses bras le long de la sepmaine,
Deuorer en vn iour, & son gain, & sa peine!
Cependant ses enfans comblez de pauureté,
Languiront demy-morts tournez sur le costé,
Souhaitant leur trespas d'vn maintien effroyable:

Contre les Gourmãds & dissipateurs de biens.

Sans cesse maudiront le sort inexorable
Du rigoureux destin, quand leur foiblette main
N'a moyen surmonter la rigueur de la faim:
Et que leur estomach, en defraudant nature,
N'a dequoy faire-sang, pour donner nourriture
Aux membres affoiblis d'vne extreme langueur.
Les autres suffoquez, my-rostis de l'ardeur
Syriaque, voudront par exquise apparence,
De nature changer l'ordinaire substance,
L'odorat coustumier: alterants les presens
Que distille sur nous l'abondance du tems:
De sorte que les dons de l'opulente Asie,
Le terroir Arabic, celuy de la Candie,
Le riuage pierreux des Maures basannez,
Semblent auoir esté dés long temps ordonnez,
Afin d'estancher mieux la sotte conuoitise
De tels hômes, suyuâts d'vn ord Pourceau la guise:
Hommes viuants çà bas pour les fruicts deuorer
Non prenants le repas pour viure, & pour durer:
Ausquels du pol Arctique, & du pol Antarctique,
Ne suffisent les biens, & le Phenix vnique
Es extremes parties du monde confiné,
Entre ces gourmandeaux à peine est asseuré:
Hommes peu cognoissans, que la force puante
Des excez brise-iours, rend l'ame languissante,
Les esprits hebetez, & le corps alenty:
Hommes ne preuoyants qu'autresfois est sorty
De ce ruisseau, la mort de maint excellêt Prince,
Et le sac integral de la belle prouince
Des Lapythes gloutons: Que le friand morceau
Saccage plus de gens, que le fil du cousteau:
Que c'est vne barriere, vn rampart vn obstacle,
Empeschant le chemin du hautain habitacle:
Et que ceste liqueur d'Euoé cuisse-né,

A tous autres pechez, rend le cœur adonné:
Comme de l'autre part la saincte Continence,
En beaucoup de façons excede l'excellence,
Du reste des vertus: Aussi le plus souuent
Les Citoyens reduits à la pointe du vent
Du luxe dissolu, laschans longue la bride
(Tant ils sont bestiaux) à leur ventre homicide,
Et pâles & deffaicts, les douleurs sentiront
Poinçonner ce qui bat soubs le cerne du front.
Tantost vn mal de reins, vn flux, vne migraine,
Vne rage de dents, vne bien courte haleine,
Vn grand fleuue sanguin, vn humeur decoulant
Entre chair & la peau, le boire prouoquant:
Ou l'eslancemẽt vif de la goute picquãte, (empte:
Dõt des vieux Laboureurs la troupe on voit ex-
Vn tremblement de nerfs, le bouschemẽt visqueux
Des intestins iumeaux, le ruisseau catharreux
Du cerueau procedant, ou quelque Esquinancie,
De ces hommes cassez, dechasseront la vie
Auant l'aage caduc, au centre d'vn tombeau:
Apres auoir long temps saueuré le morceau
Noir, hideux, & amer, qu'vn fin Apoticaire
Dans vn hanap doré, par force leur fait boire:
De sorte que s'estans (apres mille regrets)
Escoulez leurs moyens aux ieux, & cabarets
Aux bruuages meslez, quand leur sœur ou leur
Ont sillé de leurs yeux la paupiere mourãte, (tante
Ils partent souffreteux, laissants pour heritiers
Les droguistes, marchants, tailleurs, au tauerniers.
    Le Villageois aimant l'exercice contraire,
A longs traicts humera les flots de l'onde claire,
Sur le ventre couché: de son toict bannissant
Le friand cuisinier, sans subiect desguisant
Le gouster naturel: prendra pour son vsage

Le boüillon peu falé d'vn bien maigre potage,
Vn fromage cremeux, auecque du bis pain,
Quand il fent fes boyaux fe mutiner de faim:
Difpos, content, & gay remarquera fa vie
De maintes paffions s'efcouler affranchie,
De maints troubles fanglants Que fi par accident
Funefte, quelque mal interne violent
Amortit de fes bras le trauail ordinaire:
Defprifant les effects de la pillule amere,
De l'Hellebore lent l'vfage carrofif,
Les cheueux de Venus, l'Efquine, l'Agaric,
Et les autres poifons que la campaigne Turque
Enuoye deuers nous fur fa marine hurque,
Pour accourcir nos ans, attrempé retiendra
Le remede plus feur dont iadis s'empara
Le peuple Scrupuleux, habitant les riuages
Du Nil porte-papier, aux plus vrgens orages
D'vn affault maladif: quand par vomiffement
Sortiffant des conduicts du charnel baftiment,
Par modeftes repas, par ieufne, par diette,
Sages ils deftournoient le fort de la tempefte.

      Si le canal profond, fi le conduit ventreux,
De hazard, eft boufché d'vn humeur trop vif-
          queux,
Ce Ruftique prenant l'Endiue, ou Chicorée,
Sentira de fes reins la pefanteur oftée:
Ou humant le broüet des Choux, fort detrempé
Dans l'huileufe liqueur, le Vin blanc enyuré
Des eaux de la Meliffe, ou bien s'il s'euertuë
Prendre auant le repas l'odeur de la Laictuë:
Herbe digne de los, dont le fuc fort aigret
Les nourriciers Tetins fait regorger de laict,
R'ameine le bon fang, & le repos de l'homme,
Humide l'accroifant par le charme du fomme.

La
Laic-
tüe, &
fes ef-
fects.

                                              Nou

Non pour autre raison la saincte Antiquité,
Soigneuse de garder le cours de la santé,
Au seruice premier d'vn souper bien superbe,
Liberale donnoit la saueur de cet' herbe.
(Subtile inuention!) Si le senestre flanc
Dans le vase bourbeux attirant le noir sang
Des hommes ià fiebureux agrandit la ratelle,
Cestuy mangeant iouuét la Capre, ou Pimpernelle,
Buuant les tiedes flots, esquels vn grand carreau
D'acier estincellant aura fait bouillir l'eau,
Et ce mal virulent sentant le Scolopendre,
Ira le sien repas en autre table prendre.

      Quand le cerueau deuiét bouillonnát & mutin,
De la Rose l'odeur, le iust du Rosmarin,
Leur sert d'allegement, comme aussi l'Aluine,
L'Asperge, le Fenoil (heureuse medecine)
L'Ache, les Aulx, l'Aneth, rendrõt fort & puissant
L'estomach trop aqueux du vieillard languissant.
Ce que fera la Sauge: & marchant bien plus outre:
Ne se contentera de mitiger la goute,
De rompre les humeurs, d'accoiser lentement
Des nerfs peu vigoureux le subit tremblement:
Mais de Veste le fils chasque iour en balloye
Sa genciue, sa bouche, & ses dents il nettoye:
Puis ses fueilles cueillant sous le chaut violent,
Les presente soudain au bruslant Element,
Craignant que sous les pieds de ceste verde plante
Le Crapaut orgueilleux, la Couleuure siflante,
Le iaunastre Mauron, n'ayent de leurs museaux
Veneneux, infecté ces gentils arbrisseaux.

      Si branslant quelque-fois vne hache pointuë,
Dont il tranche le bois de sa courbe charuë,
Ils s'offense, lourdaut, se trouuant poinçonné,
Arrachera d'vn mur la toile d'Arachné:

                              C

Puis mariant icelle auec la terre franche,
La mettra sur le pied, sur le bras, ou la hanche,
Dont il verra le sang à grands flots ruisseler:
Ou hastif s'aidera (despitant le Barbier
De l'herbe, dont Nicot, à son retour d'Espaigne
A bien voulu peupler la Françoise campaigne
    Mais quel besoin est-il d'eschaufer nos esprits,
Pour d'vn si braue estat parangonner le pris?
De sonder plus auant, par quel art, ou maniere
Nos Rustiques pourroient sauourer la matiere
Des simples repugnans, ou bons à la santé:
Veu que de l'Eternel l'immense Deité
N'a voulu denier ce bien-faict ordinaire
Aux animaux exclus du diuin Charactere?
Lesquels non seulement (en mesprisans la mort)
De leurs vieux ennemis s'opposent à leffort,
Preuoyent l'aduenir, & comme nous, ont cure
D'augmenter & nourir leur espece future:
Mais cognoistront encor, de viure curieux,
Ce qui est profitable, ou contraire pour eux:
Voire pourront certains diuulguer sans iactance,
Qu'à nous leurs gouuerneurs ils ont aprins l'vsace
Des remedes obscurs de maints celebres arts,
La terrestre grandeur ornants de toutes parts.
Ainsi le Cherf feru va cercher le Dyctame,
Afin de repoulser le cizeau qui l'entame,
Ainsi l'Oiseau vilain, l'Ibis Egyptien,
Aux hommes lors grossiers enseigna le moyen
D'entonner le Clystere au profond des entrailles
Ainsi le Cancre fier, au dur ply des Tenailles
Donna l'invention: ainsi Talus nepueu
Du Crete Charpentier, façonna peu à peu
La Roue des Potiers, & ayant d'auanture
En son chemin trouué la maschoire bien dure

D'vn Serpent roide-mort au champ Athenien,
Rumina la façon, pourpensa le moyen
(A ce qu'il butinast vne immortelle estime)
De fabriquer subtil & la scie, & la lime.
Ie ne veux d'abondant exprimer, que cestuy,
L'Avette contemplant en son petit estuy
S'adonner au trauail: l'Aronde passagere
Annonceant du Printemps la nouuelle premiere,
Maçonner contre vn mur, vn roc, vn soliueau,
Auecques des gazons, son demeure nouueau:
Oza sur ce patron augmenter à toute heure,
De maint Roy genereux le superbe demeure:
Enrichissant adonc les lieux les plus secrets
D'vn tel vague logis, de mille cabinets.
Cela seruiroit peu, si le vif exercice,
Du corps de ce troupeau ne bannissoit le vice:
S'il ne rendoit perts de Venus les atiraicts:
S'il ne renuersoit bas les fleches, & les traicts,
Dont ce bastard, ce nain, enfant de la Cyprine,
Des plus rares espris enfonce la poictrine
Sans tresue, ny seiour. Car bien que son brazier
Eschauffe soubs les flots les Tritons de la mer,
Les rampans Animaux, & la bande volante:
Bien que dans Lucian, orgueilleux, il se vante
De tenir en ses reths les hommes, & les Dieux,
Et tout ce qui bondit soubs la chappe des cieux:
Tesmoin ce grãd Hercul, ce grãd foudre de guerre,
Lequel ayant domté les Monstres de la terre,
Ecrazé les Serpents de son bras enfantin,
Messagers de Iunon: rauy par son butin
Du Lyon Nemæan la peau non conroyée:
Accablé de ses bras la puissance d'Anthée:
Supplante Gerion: apres auoir encor
Bondissant deuance la beste aux cornes d'or,

C ij

Et non loin des destroicts de la Zone torride,
Ses colomnes planté, tranchant Calpe, & Abyde:
Luy qui de l'Vniuers le maistre demeura,
Ne peut vaincre l'amour, qui vif le deuora:
Ains au lieu de porter sa grand'masse inhumaine,
Faisoit troter l'aiguille, ou filoit à la laine,
Deuenu Damoiseau. Ainsi Sanson le fort,
Contre l'amour puissant meit en vain son effort.
Toutefois cet Archer comblé d'outrecuidance,
Confesse que ses dards n'ont aucune puissance,
Que leur fer se rebouche attouchant le tetin,
Le visage vermeil, le menton albastrin,
Ou le front eleué de la vierge Diane.
Car icelle battant la pouldre Phrygienne,
Aussi tost que çà bas l'Estoille porte iour
Rameine son Titan de l'humide seiour,
Ores trauersera d'vne viste carriere
Vn champ non retaillé: tantost pres la riuiere
Dirigera ses pas: on la voit approcher
Tost apres d'vn buisson, d'vn bois, ou d'vn rocher
Fumante de sueur, pour la sauuage beste
Amorçer és filets d'vne iuste conqueste:
Courir, & recourir: en fin son fort espieu
Du Sanglier ouurira le flanc par le milieu,
Ou fera decouler d'vne playe soudaine,
De la gorge du Cerf vne rouge fontaine.
A l'instant en vn lieu secret se cachera:
D'herbes, ou de caillé, sa faim appaisera,
Des hommes euitant la sale compaignie,
Iusqu'à tant que la nuict au repos la conuie.
Par ainsi le flambeau, le funeste brandon,
Dequoy souuent nous peint le mortel Cupidon,
Ne la brusle iamais: non plus que la compaigne
Du chaste Villageois, que l'amour n'accompaigne.

La voyant employer son temps, & son deduict
Au rustique labeur:à courber iour & nuict
(Quand les fruicts sont vieillards) sa teste lan-
Soubs le faiz violét d'vne charge pesäte: (guissäte
Ou gardant ses troupeaux, reuirer son fuzeau
Dessous le toict brächu d'vn Pin, ou d'vn Ormeau.

	Ie hay plus que la peste, ou la mort auancee,
La femme sans cerueau, lasciue, & desbordee,
Qui romp de chasteté le cloistre, & le seiour,
En proye se donnant à l'impudiq'amour:
Qui de loin à tous dards ouure la sienne trousse:
Qui comme le fer dur, à tous coups ne repousse,
Et qui suit la façon des courants iouuenceaux,
Quand de soif attizez ils boiuent toutes eaux.

	Ceste femme sans foy, ceste Ioue meschante
Ne se contentera de monstrer, impudente,
Son lubrique plaisir:de faire entretuër
Ceux qui dedans ces flancs veulent ia respirer:
De grauer sur le front de son chaste lignage,
De son affinité, surnom, & parentage,
Vn picquant deshonneur, dont le siecle aduenir
N'en rompra de cent ans le triste souuenir:
D'vser de double fard:d'installer en la place
Des legitimes hoirs, vne bastarde race:
De maudire, & blasmer son Espoux en tous lieux:
De prier sans repos, que la foudre des Cieux
Escarte ses boyaux: & que la fiere Parque
Voicture son esprit en l'infernale barque:
Qu'il meure sur la mer, ou qu'en lieu d'vn tõbeau,
Quelque Ioup forestier le mette dans sa peau:
Mais oze a chasser (execrable carnage!)
L'ame de son adioinct par vn mortel bruuage:
Ou suyuant son mandat le Ruffien ialous
De l'auance d'autruy, martellera de coups

(Tant il eſt embraſé de l'ardeur feminine)
Du Mary ià griſon la tremblante poiƈtrine.
　　Tels deſaſtres felons, tels piteux accidens,
Des ſuperbes Citez pullulent au dedans:
Où le hant importun, les ſoudaines œillades,
Danſes ieux diſſolus, feſtins & maſcarades
Ont la vogue ſouuent: où l'amant doloreux
Se feignant ſ ff qué du brazier amoureux,
Par ſermens redoublez iurera que ſon ame
Ne peut guider le corps ſans l'obieƈt de ſa Dame
Penſif ſe complaindra du rigoureux deſtin,
L'ayant ſurpris és laz d'vn cœur diamantin,
D'vn cœur ne ſouhaitant que des ſiens la ruine,
Surpaſſant la rigueur des flots de la marine.
Puis ſa Dame chargeant de peſans bracelets,
De carquans émaillez, de bagues, d'atiſets,
　Et de maintes faueurs, que cet homme follaſtre
Append à la beauté dont il eſt idolatre,
　Aſſeuré ſe tiendra qu'vn prodigue moyen
Eſtandu, preſſera par vn nœud Gordien,
L'honneur ià renuerſé, la liberté conquiſe,
Dont apres il pourra diſpoſer à ſa guiſe.
　　Ces preſents deſguiſez, ces familiers deuis,
Ces contrefaiƈts ſanglots freſchement recueillis
Sur du tendre papier, ſur vne ſeiche eſcorce,
Naiſſance donneront à la paillarde amorce.
　　Bourgeoiſes, que le ris, le regard, & l'accueil
De l'Archerot mutin a mirees de ſon œil,
Vos ſuperflus habits, vos toiles damaſſees,
Vos cheueux reluiſans de cent treſſes dorees,
Voſtre linge d'aſut de roſes diapré,
Et voſtre ſein bombant ne me viennent à gré.
　　Car comme on apperçoit la Vipere mortelle
Cacher ſon froid venin ſous l'herbe tẽdre, & belle

Comme dans vn estang le follastre poisson
Est deceu par le dard du pipeur hameçon:
Comme le front poreux de la pomme Orengere,
Ayant la couleur d'or, & la chair fort amere,
Quand on a massonné sa robbe par dedans,
Nous engendre vn horreur, & agace les dents:
Et comme on void des Rois la braue sepulture
Couuerte de trophees, n'estre que pourriture
Sous le trac du burin: Comme au temps nouuelet
L'Oiseleur resonant son peu ferme siflet,
Dans la saillante reth, ou dedans la tirasse
Les oyseaux imprudens volontiers il enlace.

  Ainsi l'interieur de si braue appareil
Auecques le surplus n'aura rien de pareil
Lors que l'amát bruslé iusqu'au fond des entrailles
Goustera le relant de leurs charongnes sales,
Suiuy d'vn repentir, non purgé par le suc
Du Cinabre, Ciuette, Ambre-gris, & du Musc.
Ie vous iure certain, ô gente Bergerote
(L'ornement le plus cher d'vne profonde grote)
Le bel-linge grossier, le drap gris, le bureau,
Et le lin, dont voilez modestes vostre peau,
Le Geneure, le Thym, Serpolet, & Veruaine,
Et mille autres senteurs que Zephir nous ameine,
Flairent plus souefuemient, & contentent bien plus
Et l'esprit & le corps, que les traicts dissolus,
Que les deportemens, que les façons puisees
Du canal venereux des Eaux Epicurees.

  Ie vous honore doncq', ô trauail moderé,
O pudique manoir, ô logis égaré
Des appasts attrayans de Venus l'impertune.
Iadis au siecle d'or, quand l'Astre de Saturne
Sur la terre marchant, esclairoit les humains:
Quand l'auare nocher ne bransloit en ses mains

L'auiron escumeux: & quand forclos de vice,
Il ne chargeoit la mer du bois de la Phenice:
La saincte Chasteté conuersoit librement
Auec les nourrissons du bourbeux Element:
Mais (fuyant nos pechez) à son partir Astree
Loin des grandes Citez aux champs l'a releguee.

    Retraicte de tout bien, ie suis rauy d'esmoy,
Et d'extase touché, repensant à par-moy
Qu'au temps que le Destin contre nous se mutine,
Tu frappes les puissans de plus forte ruine,
Et le dueil, le tourment les maux, & le mechef
Leur semblen plus pesans que ceux batans le chef
Des hommes dediez a cultiuer la terre
Esleuons nos esprits: Le foudroyant tonnerre
Esclate plus souuent les superbes clochers,
Les Palais sourcilleux, les monts, ou les Rochers
Que le toiĉt acroupy d'vne Cassine basse,
Ny que le front souillé de la simple terrasse:
Et le vent desdaignant les humbles Cerisiers,
Les Buissons, Esglantiers, Aigrettes, ou Rosiers,
Enorgueilly battra d'vne plus forte halaine
Le Chesne, qu'il verra mespriser trop la plaine.
Car d'autant que cet arbre est plus lourd, & plus
En terre tōbera d'vn plus horrible saut: (haut,
Et pondereux mourant dessus l'herbette tendre,
Sçaura de sa longueur la dimension prendre.

    Tels exemples certains ont seruy d'esperon,
D'adresse, de subieĉt, de foüet, & d'aiguillon
Aux antiques humains, pour du cloistre des villes
Esloignez, caresser les bandes peu ciuiles.
Ils ont aymé trop mieux (exempts de tous costez
De l'escadron pipeur des sales voluptez)
Remarquer les brouillards, postillons du Bosphore,
Bander les yeux de l'air au surgir de l'Aurore:

Simi-
litu-
des,
pour
mon-
strer
les
grāds
estre
sub-
ieĉts à
plus
grāds
perils
que
les
petis.

Voir d'vn tertre groteux le Bergerot gaillard
Ramener le Mouton, ou le Belier paillard:
Ou d'vn vase pleureux humefacter la terre,
Afin d'en abruuer les carreaux d'vn parterre:
Appriuoiser les Bœufs, espandre de leur main
Sur les sillons fertils la racine du grain:
Que mirer, casanniers, les bluantes fumées
Sortir des souspiraux de mille cheminées:
Qu'esprouuer à leur dam, quel soin, et quel trauail
Auoisinent de pres le fascheux gouuernail
Des immenses Citez: combien est desbordée
Des citadins testuz la tourbe couroucée.
Pour mon dire attester, ie vous produis tesmoins
Semence d'Aeneas pitoyables Romains,
Vainqueurs de l'Vniuers, desquels le renem volé,
Colé de clouds d'aymant, de l'vn à l'autre pole.
Vos premiers fondateurs en leurs plus ieunes ans,
Du maternel humeur encor tous degoutans,
Parens de Numitor, prindrent leur origine
Pres les bords sablonneux de l'onde Tyberine.
Vne Louue cerchant son coustumier repas
En ces lieux escartez, douce ne voulut pas
Plus long temps escouter les enfantes prieres,
Benigne leur offrant ses tetes nouricieres
Estans d'aage parcreus, ils deuindrent pasteurs:
Puis croissas leurs moyës, leurs amis, et leurs cœurs,
Apres auoir ingrats, au vieillard Amulie
Osté les facultez, & l'honneur, & la vie,
Marquët d'vn soc poinctu les nouueaux bastillons,
Et l'Asyle certain ouurirent aux larrons,
Aux incestes, paillards, fort-bannis, homicides,
Assassineurs, pillards, voleurs, & parricides:
Qui pour le dernier but de leur cerché trespas
N'attendoient qu'vn lisol, ou vengeur coutelas.

Commêcement de la fondation, & progres de la Ville de Rome.

C   v

Leurs heritiers Consuls, dont l'ame genereuse
Expulsa des Tarquins la sequelle orgueilleuse,
Euoquez à regret du champestre logis,
Modestes regissoient tout le peuple submis
A leurs graues statues. Veit-on iamais pupille
Plus morne, se trouuant & captif & seruile
Sous le ioug d'vn Tuteur, qui ne souhaicte rien
Qu'à le charger de coups, & rifler tout son bien:
Qui de maints destourbiers le sien courage gêne,
Et presque sans liens le tient à la cadene?
Cestuy pourra sçauoir que ces braues Romains,
Ces diuins Senateurs, n'estoient ennuyez moins,
Receuans dans l'enclos du rampart Romulide
Mille tours de bonnet, de la gent homicide
Du Roy demy-pasteur. Car si tost que le mois
Des autres le premier, rendoit libre la vois
Des Tributs congregez : aussi tost que l'Yuoire
Sur les flancs ne sentoit le sien poix ordinaire:
Que les fasces bordees de l'osier verdoyant,
Le Conseil establi s'en alloyent conuoyant
Iusqu'au Roc Tatian, pour inuoquer propices
Les Tutelaires Dieux, par nouueaux sacrifices:
Ces Magistrats derniers enrichis de vertus
Beaucoup ioyeux d'eux voir de pourpre deuestus,
Retirez au parmy des Censes non fermieres
Rayoiët le champ Latin de leurs mains Emperieres:
Et d'vn coutre luisant, d'vn soc, & bœufs couuerts
De Myrthes triomphãs, de Lauriers tousiours vers,
Des moindres villageois habilles à l'vsage
Eux mesmes cultiuoyent leur certain heritage
Rauissans vn chacun de grand estonnement,
Quand on voyoit en eux si soudain changement.
  Tels furent Curius, Serra, Papire, Amile,
Manlie, Cincinat, & Rasin, & Fabrice.

Dont le dernier chifu, de l'Epirote Roy
Contemna l'oraison, les presens, & l'effroy.
   Ie ne veux reciter ce que maint Patriarche
Viuant au parauant, & du depuis que l'Arche
(Le Deluge regnant) sur la terre flota,
Et en fin és hauts monts bourbeuse s'arresta,
Engorgeoit pour deduit, faisant glisser sa vie
Aux bordages fertils de Mesopotamie:
Comme cet Abraham, Noath, Enos, Iaphet,
Auec plusieurs marquez au volume secret
Du cornu Porte-loix : sans couler sous silence
Le paragon d'honneur, le miroir de prudence,
Le patron des vertus, le cimenteux lien
Des sainctes amitiez, Pericle Athenien:
Qui ioyeux d'embrasser vn estat pacifique,
Reietta l'auiron de la chose publique,   (nous?
Es champs se confinant. Mais quoy , que dirons
Tout cela qui se peut nommer du nom de doux,
D'immortel , de luisant d'exquis, de profitable,
D'admirable, de grand, de vif, de remarquable,
De souef, & d'excellent des plaines deriua,
Où les meilleurs esprits le destin relegua.
Ce robuste veneur, ce Nymrod, idolatre,
Trismegiste, Dares, Berose, Ioroastre,
Ceux qui meirét leurs pieds sur le terroir poudreux
Voisin des murs froissez, de Chartres & de Dreux.
Les Mages, & ceux la qui d'vne ame embrasee
De feu presque diuin, cognurent la Chaldee,
Samolse d'Hellespont, Occhus Phenicien:
Et Vulcan, ayans tous (selon Laërtien)
Philosophes ietté sur la mondaine essence
Des Phisiques secrets la premiere semence
Estoyent champestres gens, tranquilles embrassans
L'amœnité l'odeur, & l'obiect des beaux champs.

tions
qui se
son
adon
nez à
l'A-
gricul
ture.

Tant leur intention, tant leur ame sacree,
Du villageois soulas estoit comme charmee.

  Depuis l'estour sanglant des ciuiles fureurs,
Rome ne veit marcher plus braues Empereurs
Sur le front aplany de la Tarpee butte,
Que Diocletian, & Traian, & Auguste:
Dont le dernier farcy d'excellente bonté,
Ayant victorieux sa valeur attesté
En cinq combats diuers, & imitant l'exemple
De Nume, renfermé de Ianus le beau temple,
(Certain signe de paix) au mesme lieu mourut
Où la terre en naissant courtoise le receut.

  L'autre en sa peau couurãt vne ame trop hardie,
Maintefois entr'ouurit les plaines d'Hesperie
En ses plus tendres ans : & le premier heureux
Es exploicts Martiaux, pour auoir courageux
D'Achille, & de Narses estanché l'insolence:
Pour auoir d'vn seul coup atterré l'arrogance
Des mollasses Persans, contigus des manoirs
Troubles, & cauerneux des peuples demy-noirs:
Lassé, repeu, saoulé des faueurs populaires,
Des hõneurs Courtisains, des grãdeurs Emperieres,
Au conspect d'vn chacun sa Chlamyde ietta:
Puis d'vn libre vouloir, modeste, confina
Aux champs Saloniens, sã tremblante vieillesse,
Iardinier attifant de sa main domteresse
Les vergers porte-fleurs : & comme par apres
Les messagers Romains arriuez tout expres,
Le priassent instans qu'il print encor la cure
Du sceptre Oenotrien, quittant l'Agriculture:
Ainsi leur respondit : Chers amis, dictes moy
Le paisible seiour le tranquille requoy
Où ie suis maintenant, ceste flairante Rose,
Ces parterres cornus, ces Laictuës que i'arrose,

Ces Rosmarins picquans, ces Thyms, ne sont ils pas
Plus aptes, pour brider la course du trespas,
Que tant d'horreurs Ciuils, de troubles, de crieries,
Ligues, diuisions, tumultes brouilleries,
Que tant de voix fardées, de cris, & de cacquets
Peu sobres, pullullans au centre des parquets?

Ie sçay la pesanteur du fardeau d'vn Empire,
L'ordinaire façon de bien dire, & mieux viure:
Ie cognoy comme il faut d'vn coutre Laboureur
A sillons recourbez subit fendre le cœur
De Ceres : & combien ces diuers exercices
Pour l'humaine santé sont rudes, ou propices.
C'est pourquoy reiettant la pipeuse oraison,
I'ay conclu ne partir de la simple maison:
Où libre ie ne crains mon ame estre rauie
Par le bruuage noir du venin oste-vie.   (yeux

L'Empereur Austrichois plus prõpt, & plus io-
D'estre outre son espoir venu victorieux
Du terroir Africain, où l'Apostat Pyrate
Portoit l'attour royal, & vestoit l'escarlate:
Superbe ayant conioinct au sceptre Arragonnois
Le terroir de Milan, & le mur Geneuois:
Content d'auoir encor au Monarque de France
Fait sentir combien peut l'Espagnole vaillance:
D'auoir le champ Saxon par armes foudroyé
Iceluy de corps morts & de sang ondoyé,
Lors que par grand courroux ses effroyables bãdes
Rauagerent l'enclos des terres Allemandes
Desertes : neantmoins que ce mot belliqueur
Dont les siens s'honoroyent, luy feist enfler le cœur.
A son vnique fils resigna ses couronnes,
Se retirant aux lieux, où toy Veste, guerdonnes
Tes mignons fauorits. Mais quoy? sous le toict verd
D'vn arbre sourcilleux , d'vn Poirier tout couuert

De grisastres Ramiers, ie voy comme il me semble
Le Payen Amurath, dont la genciue tremble
De froid trop violent; i'apperçoy son Turban
Bransler au seul recit du lascif Alcoran.
Il est ores, il est au declin de son aage,
Enfermé dans les murs d'vn forain hermitage.
Voisin des monts bossus, des terres, & des bois
Au lieu du fier Tambour, il oyt bruire la vois
Du Lyon rugissant, quand par extreme audace
Le béllant animal du trespas il menace.
Son dos courbé de maux, & son chef my-cresté
Apparoissent voilez d'vn habit enfroqué.
Luy dont le front premier des batailles dressees
Rendit l'air obscurcy de fleches elancees
Contre les escadrons; courageux franchissant
Le destroict bien flanqué, iustement separant
Par ramparts naturels l'Europe de l'Asie:
Luy qui bouillant d'ardeur, de rage, & de furie:
Aux Dalmates Hongrois, & au preux Ladislas
Pres les murs Varniens, auança le trespas:
Et qui vainqueur cognut sa conqueste bornee
Depuis l'antre Gregeois, iusqu'en la mer Egee.
　　Mais (las) s'il nous plaisoit inserer en ces vers
Les plus accorts esprits du branslant Vniuers,
Gloutons s'estant plongez des mortels hemispheres
Dans le flot delicat des champestres riuieres:
Nous voudrions raconter le mignard ornement,
La face tapissant du bassier Element:
Le grauois Indien, le nombre des Estoilles
Fichées au Firmament comme claires chandelles:
La flotte des vaisseaux tant vastes, que petits,
Ballayans chacun iour l'eschine de Thetis.
　　L'argument, le discours, le subiect, la matiere
N'appetent que donnions vne viste carriere

En vn stade petit: que d'vn traict nompareil
La chandelle portions aux rais du clair Soleil:
Veu que le plus felon, le plus brutal courage,
Sur eux ne verse pas de sa langue la rage.
Car vous Rustiques gens, de grandeurs deniiez,
N'estes gueres souuent des autres enuiez:
Sinon que l'auditeur du langard Archiloque,
Dõt le cœur est plus dur que le creux d'vne rocque,
Imputer vous pouroit, qu'effaçans du grand Dieu
Le charactere sainct, empraint au plus haut lieu
Du charnel bastimẽt, vous tombez aux Panthieres
Des espians Dæmons, des ames pestiferes:
Miserables mortels, quand vos grisons Bergers,
Tributaires des loups amaigrissent Sorciers
Le troupeau languissant: quãd vos femmes gressées
Franchisent les canaux des noires cheminées:
Ou dans vn pré lointain, ou ioignant le destour
D'vne celebre Croix, d'vn fourchu carrefour,
Sentent pour leur guerdon d'vne contraire dance,
Des Incubes couler la trop froide semence:
Imitantes (helas!) en ce val escarté,
Des Bacchantes Orgies le maintien desbordé.
    Cela, comme l'on dict, apparoist veritable
En aucuns d'entre vous, & ne peut estre fable:
Puis que le commun bruit, postillon des humains,
Et l'effect iournalier, nous en rendent certains:
Puis que les eschaufaux, & les potences fortes
Souuent sont decorées de vos charongnes mortes.
    Mais les tendres Vrbains, aueugles deuenans
A leurs grasses meffaicts, & de loin preuoyans
Les offenses d'autruy, faillent bien dauantage:
Du profond des enfers l'effroyable visage
D'vn esprit euoquans, par cernes, & par noms,
Sacrifices, propos, images, & surnoms:

Soit dedans vn baßin aqueux, par Hydromance:
Ou pres l'ombre iettans larmes en abondance,
Des clameurs acoſtées : comme ce ieune enfant,
Mercure le courrier en l'onde apperceuant,
D'vn parler aßeuré, d'vn eſprit prophetique,
Recita le ſuccés du choc Mithridatique,
En cent cinquante vers: ou bien obſcurciſſans
Des deux Aſtres iumeaux les rayons trop luiſans:
Troublans les Elements, & faiſants temeraires
Deuant les yeux charmez bouillonner les riuieres:
Et qui pis eſt, voudront (montans au cabinet
De l'Eternel viuant) deſrober ſon ſecret:
Non d'actes emanez du fond de la Theurgie,
Par laquelle ſouuent la docte Apollonie
Contraignit les eſprits yſſus des pâles corps,
Reprendre vigoureux leurs plus roides accords:
Sans miniſtere aucun d'interpretes eſtranges,
Aux peuples incogneus reſonnoit toutes langues:
Solitaire entendoit le iargon des Oiſeaux
Tout ce qui ſe faiſoit és abyſmes des eaux,
En la face de l'air, au centre de la Terre,
Aux eſtours plus cachez d'vne ſanglante guerre,
Luy eſtoit reuelé, Mais ces rares meſchans,
Maints blaſphemes peruers ſans ceſſe vorniſſans
De leurs ſales goſiers, n'auront erubeſcence,
Mal-heureux, denigrer la Diuine puiſſance:
Ores conſiderans par l'Hetruſque leçon,
Si la flamme du feu ſurgit en eſcuſſon,
En doubles, ou en rond ſi la ligne vitale
En brief l'humain treſpas dedans l'Ourque deuale:
Les monts qui ſont mauuais, les angles qui ſont bös:
Les heureuſes tranchees, les oppoſites monts,
Des aduerſaires Dieux, patrons de Chiromance.
Ores imitateurs des traicts de Geomance,

Attenteront, chetifs, le rude papier blanc
En biais marqueter de la creme du sang:
Et tantost vomiront le flambeau de leur ire
Sur le paisible corps de la gluante cyre,
Du portraict ennemy, quand l'approchans du feu,
Alambiquent d'autruy la vie peu à peu.

   Ie sçay que l'on dira, les enfans de Tellure,
Mornes, ayans perdu par funeste aduenture,
Vn coutre vire-champs, vn poinsson, vn Aigneau,
Vn vase fromager, vn baueux escheueau,
Ou du lin appresté, que les mains affamées
D'vn prochain souffreteux finement ont gluées:
Ores parlans bien haut, ores parlans plus bas
Sur le fil du cousteau faire tourner le sas:
Afin d'estre asseurez si le bras famelique
Des siens, l'aura priué du meuble domestique.
Mais le Phyltre amoureux, le triple ligament,
Pour vn temps sopissant l'effect du acrement
Ie plus rare de tous, les paroles contraires
Dont on peut retrancher le cours de ces miseres,
Ia cendre des crapaux, des vernes, & des lezards
Par ces demy-Demons cerchez de toutes parts
(A la subuersion de la machine humaine)
De maux plus vehemens rendront la terre pleine.

   Quãd ce grãd Gouuerneur des Astres, eut enclos
Es manoirs arrestez le discordant Chaos:
Que tous les Elements voltigeans pesle-mesle,
Eurent donné relasche à leur vieille querelle:
Oeconome prudent, affectant que le froid
Eeust distingué du chaud, & le crochu du droict,
Ie pesant du leger: que l'air, la terre, & l'onde,
Ne fussent my rostis d'vne ardeur trop profonde,
Ny tousiours tapissez de pluyes, de glaçons,
De l'humide & du sec: distingua les saisons

De Ianus double-front, par vn soin admirable.
Et comme ayant ce Tout, ce Fort, ce Venerable,
Contre l'opinion du penser naturel,
Soigneux, basty de rien le manoir temporel,
Dressant le vase humain à la forme diuine,
En son cœur, en ses os, en sa chaude poichine,
Quatre humeurs repugnãs d'vn seul coup entõna,
Et là d'vn fort lien leurs fureurs acoisa.

 Car combien que le sang, le phlegme, la cholere,
Et l'humeur peu ioyeux soient d'aduerse matiere,
D'opposites effects, d'estranges qualitez:
Bien que d'ambition quand ils sont excitez,
L'homme perisse tost nonobstant mis ensemble
Par celuy, sous lequel le haut Olympe tremble,
D'vn bransler de cheueux, entretiennent concors
La terrestre prison, l'habitacle du corps.

 De pareille raison l'Architecte celeste
Façonnant le Poulmon, le Bras, le Nez, la Teste,
Et tout ce qui rayonne en l'humain ornement,
Sur le patron doré du premier bastiment:
A voulu le progrez de la presente Année
De quatre siens commis démarcher acostée:
Dõt l'vn humide & chaut, domte le mois nouueau,
Le second chaut & sec, allume le flambeau
De l'Esté: le troisieme estant chaut & humide,
Aux Zephirs printaniers retif tourne la bride:
Et le dernier d'iceux, froid & sec deuenu,
Herissé de frimats, au visage chenu,
Infidele contrainct le mary d'Orithie
D'vn siflant souspirail euanter la Scythie.

 Et toutefois combien qu'il y ait de saisons,
De courses, de progrez, de picquans esperons
Hastãs le cours de l'an: cõbien qu'autour du monde
Le Soleil conduisant sa lampe vagabonde,

Remire de maisons: nous pouuons iustement
Estimer le profit, & le contentement,
Dont cha cune saison, chaque mois, chaque annee
Rend du Cererien la vie bien heurée:
Lequel seroit saisy d'vn grand marrissement,
Si le iour le miroit viure sans mouuement.
   I'appercoy (le Cheual mourant au Zodiaque)
Le Belier se vestir d'vne rouge casaque:
Fauon courre les champs: le Cicoigne voler
(L'Ocean delaissant) par le vague de l'air:
Signe tres asseuré que la saison nouuelle,
Et le cœur, & le sang, en nos corps renouuelle.
Ie contemple gaillard les seueux arbrisseaux
Ieunes reuerdoyer, les fretillans Oiseaux
Perchez sur le sommet des fueilles renaissantes,
Offrir au Dieu viuant leurs chãsons gazouillãtes:
   Voicy ce tẽps mignard, auquel Phœbus repeint,
Sortant de ses cachots, le plus beau de son teint:
Que le mol Passereau, que la folle Arondelle,
Bastissent vigilans leur caze naturelle.
   Les plaines, les forests, les vignes, & les prez,
De cent mille rubis apparoissent parez:
La terre desspouillant sa froide nonchalance,
Vigoureuse deuient en sa premiere enfance,
En son pristin estat. Icy l'Arcquebuzier
Mussé dedans vn bois, esprouue son meStier:
Afusté souhaitant au parmy d'vne Ormaye,
De la beste espuiser le sang par vne playe:
Le rouet se desbande, & le feu petillant
Accompaigné de bruit, rend l'air estincelant
   Là le vif troupeau cour, il bondit, il sautelle
Sur le dos bigarré de l'herbette nouuelle,
Pres les courantes eaux. Icy d'vne autre part
Le Toreau plein d'amour, se tirant à l'escart,

Sous le toict ombrageux d'vn verdoyant fueillage,
Voudra tout seul auoir la Vache en mariage:
Auec son corriual se combattant en rond,
De l'estomach, des pieds, des cornes, & du front.
  Adoncq' le Delien de ses torches allume
Les Feres des forests, les animaux à plume,
Ceux marchans & rampans, les poissons escaillez,
Et les Monstres au sein des vagues reculez:
Voire l'homme comblé d'vne grace diuine,
Ne peut ces traicts oster du creux de sa poictrine.
  Deçà l'arbre pleureux, delà le verd ierment
Se couurët, iouuenceaux, d'vn neuf accoustrement,
Despitans les frimaz: icy la terre enfante
Toute sorte d'émail, & de fruit, & de plante.
  Là deuers le Ponant, le North, & le Midy,
La nef guide ses pas d'vn marcher estourdy.
Le Nautonnier cuidant auoir pour funerailles
Des poissons mariniers les visqueuses entrailles,
Visitant le terroir où les Sauuages sont,
A son departement tout en larmes se fond:
Et du reply serré de sa face mouillée
A peine peut tirer sa femme corroucée.
  Bref, cet air porte-biens, ceste gaye saison,
Semblable à la vigueur du folastre garson,
Aguise nos esprits, agrandit nostre vie,
Et les douleurs passees tout à coup purifie.
  En ce temps aussi tost que Bosphore veillant
Fait paroistre à nos yeux le matin rousoyant:
Que le moitte vieillard, à la perruque orine,
Dechasse de la nuict la planette argentine:
Que les Ourses entees au Pole glacial,
Se retirent forcees du coin Oriental:
Que Titan regardant Olympe le superbe,
Essuye radieux le visage de l'herbe:

Descrip-
tiõ de
l'Au-
rore,
ou
poinct
du
iour.

Et que le cours pesant du sommeil à finy,
Rameine le trauail, le soin, & le soucy:
Le Villageois (auquel le Pauot mortifere
Visqueux, n'a fait siller la soigneuse paupiere,
Non plus que l'œil brillant) alors qu'il sentira
La poincte du Soleil, diligent sautera
Du lict contre la terre, & sans ayde foraine
En moins d'vn tour de doigt se prepare à la peine.
Puis ayant sur le dos ses rudes vestemens,
Auant que de tirer les iambes de leans,
Le genoil abaissé, les yeux hauts, les mains ioinctes,
Dieu priera l'exempter des mortelles attainctes:
Le bannir des appasts de toute ambition,
L'aracher des attraicts d'inique affection:
En santé conseruer le corps de sa famille:
Le preseruer du Rat, du Ver, de la Chenille:
Et ses maigres troupeaux deliurer de la dent
Du loup rude-costez, ou du Tygre escumant.

   Ce propos acheué, son huys sans bruit il ouure,
De crainte d'esueiller son espouse, qui couue
Dans les rudes linceux son teinct my basané:
Ou bien s'il apperçoit Apollon jà leué,
Rayonnant l'Vniuers, l'admoneste, la presse
De rompre en vn moment sa tardifue paresse.
   Cela mis en effect, cheminant doucement
Pas à pas, plus gaillard de la chambre il dessend.
Ses ronflans seruiteurs, ses fortes chambrieres
Ayãs encor emprainct le Sõme en leurs paupieres,
A raison du trauail contrainct, & violent,
Dont ils furent lassez au coucher precedent,
D'vn parler magistral, en peu de mots resueille
De leur profond dormir : aux vns tirant l'oreille,
Aux autres le menton, ou le nez, ou le bras:
Mais entre tous les siens, paresseux il n'est pas

D'exciter le Berger au modeste corsage,
Au maintien Damoiseau, qu'il aime dauantage
Que le flanc perruqué de ses iaunes cheueux,
Que son sang, que ses nerfs, que le blãc de ses yeux.
D'vn plus isnel marcher le Forsaire ne vire
la nef, quand il entend le siflet du nauire,
lors qu'estant, malheureux, à la rame attaché,
Il sent son dos de coups sans raison chiqueté,
Que cet hõme est soigneux, que cet hõme s'appreste
Entendant le discours de si iuste requeste:
Signamment en estant de luy-mesme aduerty,
Que d'vn chãt importun, que d'vn vol estourdy,
D'vn regard asseuré, d'vne parade rogue,
Des forains Villageois le certain Astrologue,
Le Pieu planté debout de ses ailes batant,
Denonce à haute voix le Soleil nasquissant:
Que ses femmes, paillard, au deduict il appelle:
Qu'il accoise rassis leur ialouse querelle:
Et qu'il (chez luy portant vn courage benin)
Egalement depart entre elles le butin.
Le Pasteur habitant les plaines d'Italie,
De Caux, de Beauiolois, de Bresse, d'Hesperie:
Appercevant surgir le Soleil nouuelet,
Franchira le tombeau de son lict durelet:
Puis voyant son manoir, son parc, & ses logettes,
Où il mire content ses grandeurs plus doucettes.
Esloignees de la main des infames larrons,
Ou des Loups ennemis, regnans és enuirons:
Vn Capitaine ensuit, qui faisant la reueüe
De ses gens, dardera les rayons de sa veüe,
Puis deçà, puis delà, pour recognoistre ceux
Qui seront au combat aptes, ou paresseux.
lors se targuant prudent de la bande choisie,
Afin de garantir & les siens, & sa vie,

Portant l'armet cresté, branslant en ses deux bras
Le Boucler aceré, le tranchant Coutelas:
Et marchant le premier, dans la sanglante presse
De maints hommes occis tesmoigne sa prouesse.

Ainsi ce vif Berger, ainsi ce Pastoureau,
Au matin visitant son aimable troupeau,
Les salubres Aigneaux esloignera du reste
Des Moutons, assaillis de galles, & de peste:
Ausquels pour guarison, courtois, il offrira
Et le Souphre & le Sel : ou bien appliquera
Le Camphe assaisonné du Nectar des Oliues:
Ou mettant de la Chaux les influences vifues
En l'eau non detrempees, auecque le Verd-gris,
Durcira la tendreur des ongles ià moisis:
Ou bien les bannissans des flots de la fontaine,
Leur fera pres l'œil droict euacuër la veine.

Par apres retirant du demeure serain
(tant il est genereux) l'escadron le plus sain,
Et virant en ses mains la concaue houlette,
Ses disciples bellans conduit dessus l'herbette:
Il les contrainct sister, il les amasse en rond,
Il s'auance tout doux, il chemine defront
Iusqu'au lieu desiré : Le Mastin safre gronde,
Et derriere marchant, courageux fait la ronde.

Que si le traistre Loup se roulant pas à pas
Dans les sceillons courbez, menace du trespas
Le plus replet soldat de la timide bande,
Le Chien aiguillonné d'vne haine fort grande
Contre vn sien compagnõ, (d'autant que biē souuēt
Leur maistre en nourrit vn de pain, l'autre de vét:)
Neantmoins cimentez de ligues fraternelles,
Oublians la rigueur de leur vieilles querelles,
Du commun ennemy le flanc transperceront,
Ouuriront l'estomach, & le sang humeront:

Exemple.nous monstrant, qu'en la ciuile guerre,
Les nourrissons mutins de l'estrangere terre
Qui delaissent au son premier du Tabourin
Les riuages du Pau, de la Meuse, & du Rhin,
Assistez de Cheuaux, de coches, de bagages,
Pillards, ne deuoient pas enrichir les mesnages
De leurs pauures maisons, du rapt de nos ioyaux.

Le Pasteur en ce poinct, &par môts & par vaux
Se guindant posément, pour trouuer la verdure
Seruante à ses troupeaux d'agreable pasture,
Content s'arriste là, bas fichant son baston:
Puis subit deschargeant l'eschine de l'Asnon,
Ayant iusqu'en ce lieu trainé son vil mesnage,
A ses hostes criards abandonne l'herbage.

Et ores qu'au sommet d'vn plaisant mont enté,
Espiant le tuyau du Houblon ia brouté,
Sur lequel vn Bouueau sautelant se desgoise.
Il deust sans nul soucy, reposer à son aise:
Neanimoins redoutant quelque sanglant estour,
Visite ses Brebis, & se tient à l'entour,
A leurs toisons colé, iusqu'à tant que soulées
Vers le milieu du iour, elles soient conuoyées
En semblable façon, en pareil equipage
Vers le bord gazouillant d'vn mouillé paysage,
D'vn Ruisseau murmurant: où apres auoir beu
Les Fontanieres eaux, cet escadron repeu,
Sommeillant, bronchera du nez contre la Terre.
Mais si le Triple Dieu trop choleré desserre
Ses bouillantes fumees, ses ardents iauelots,
Et ses raiz vehements, sur le penible dos
Des mornes Animaux, quand il trempe son cierge
Dans le sein escumeux de la Celeste Vierge:
Et que le chaut flotant sur la robbe de l'air
Contraigne les sommets des rots estinceler:

Le

Le prudent Conducteur au baßier de la croupe
D'vn fardeau montaigneux, achemine sa troupe.

Là par naturel soin les arbres éleuez,
Les Pins & les Fouteaux de droict fil arrengez,
Et le cerne brancher, ces escartez riuages
(Delectable palais) rendent voilez d'ombrages.
De frescheur, & souhaict. Icy pres reposant
Contre vn arbre panché la grandeur de son flanc,
Ioyeux contemplera les douces bestelettes
Ruminer les coupeaus des plus tendres herbettes.

Sur son chef acotté, le doux Zephyr coulant
Rend d'vn murmure gay le fueillage tremblant.
Les Oiseaux essayans si leur follet plumage
Les pourra voicturer en vn centre plus large,
Pour premier coup d'essay, craintifs voleteront
De rameaux en rameaux, pres l'escorce du tronc.
Et eux, & des vieillards la troupe vigilante
Rendront Echo lassé par leur voix resonante,

Alors pour esgayer soy-mesme, son troupeau.
Et ses proches Compaings, de son vif Chalumeau,
Ou de sa Cornemuse, ou de sa Chalemie,
En tels vers chantera les rigueurs de s'amie.

Mon espoir, mon thesor, mon Phare, mon soulas,
Lors que ie t'apperceus, ie voudrois le trespas
Auoir acceleré par ses fleches iniustes,
Mon aage florissant és Infernales butes.

Car combien que ie sois & subtil, & prudent,
Ie n'ay peu resister à l'appast violent,
Qui puis vn lustre entier, par rigueur obstinée,
A tenu dans ses lacs la mienne ame pipée.

Helas, il me souuient que mon cœur fut rauy
D'espoir, & de souhait, quand peu ferme ie vy
Tes ondoyans cheueux, ton esleué corsage,
Et l'yuoire flaistry de ton pâle visage :

Tes ioyaux emplombez, ton estomach orné
De ioncs entre-lassez, & le tien col cerné
De carquents verdoyans, les premieres amorces
Où le Cithereén sçeut bastir ses approches.
  Adoncq' ie n'estimois qu'vn mal adroict Archer
Eust peu si rudes coups vers les siens elancer:
Qu'il eust, vengeur, daigné d'vne dextre enfatine,
De ses plus fauoris au anter la ruine.
  Mais l'eminent peril où solastre ie suis
Et le danger instant, me feront ouurir l'huys
Du sçauant Cabinet, pour sçauoir la puissance
Qu'exerce en ces bas lieux la docte Experience.
  Puis dócq' que tu sçais bië, puis dócq' que tu cog-
Par mes gestes patens par ma dolente vois,   (noi
Et par tant de sanglots, dont la voisine plaine
Retentit, anonceant le vent de mon haleine,
Qu'autre femme que toy dans son piege ne peut,
N'oze, ne daigne pas, n'entreprend, & ne veut
Empestrer autre Oyseau, ie te pri, donne place
Au pourchas importun de ceste mienne audace.
Car ie sçay que l'obiect d'vne rare beauté
Ne cache pas souuent la rude cruauté:
Autrement les rebours, les extranes Barbares,
Mammelus, Bactriens, Moscouites, Tartares,
Et l'hoste Rhyphæan, en tout temps herissé
De glaçons, tapissant son manoir creuassé,
Sur nous autres garnis d'vnë ame moins sauuage
A iuste droict pourroient emporter l'auantage.
  Entends à mes propos, de grace escoute moy:
Pren pour modelle seur, ie te pry, mire toy
A l'esmail des prairies, à l herbe printaniere,
Au reflus de la mer, au fil de la riuiere,
Au lis, au Basilic, à la Rose à l'Oeillet:
Lesquels bier luisans d'vn pourpre vermeillet,

Le Soleil les mirant auiourd'huy se fletrissent.
   Thetis r'entre en son cours, les herbes réuerdissét:
Les ruisseaux pour vn temps arides & taris
Apres vn long seiour, bouillonnent plus hardis,
Leurs vagues r'enforceans: mais la beauté perie
Vne fois, par vieillesse, au soin, ou maladie,
Ne se peut reparer: non plus qu'au temps picquãt,
Quand boré le mutin rend le dos frisonnant
De trop aigre froideur, & que nos peaux mussées
Craignent l'attouchement des croupes ennegées:
Nous reduicts soubs le chef d'vn Antre my-pãché,
Assemblons vigilans le fueillage essarché
Puis deçà puis delà, sans aucune ioincture,
Pres les branches d'vn Pin degarny de verdure:
A Vulcan nous l'offrons: qui ioinct auec le vent,
En moins de sept clins d'œil le dissipe souuent:
Aspre ne delaissant du sac de cet esclandre,
Qu'vn blanchastre mouret, qu'vne debile cendre.
   Parquoy si dans le rond de ton cœur indomté
Repose quelque traict de douce humanité:
Si tu veux n'imiter les Tygresses, les Ourses,
Les torrens detrocquez le canal de leurs courses,
La fureur du Tesin, rompant de toutes parts
Ses digues eleuées: les Myrmidons soldats,
Dolepes, & ceux-là qui d'embusche traistresse
Submergerent és eaux la flote vainqueresse
Du rampart Ilien: quand les rocs Capharez
Choquerent tourmentiers leurs vaisseaux egarez:
Et qu'vn seul Matelot de perte si cruelle
Ne resta pour aux siens en porter la nouuelle.
   Et bref, s'il te plaisoit à par-toy remascher
L'ornement du tien corps, ton estre, ton marcher,
Tes arteres, tes nerfs, & tes entrailles pleines
De conuoiteux souhaits, & de torches humaines

D iij

Sans faute tu n'aurois le cœur tant endurcy,
Et ton fidele amant tu prendrois à mercy.
    Ainsi le gay pasteur en ce val solitaire,
Esloigné des assaux de l'aduerse misere
Et du chagrin, alloit le soucy banissant
Hors du cerne ioyeux de son chef noircissant:
Du profond de ses os:mais ainsi que son ame
Surprinse, pantheloit d'vn diuin enthousiasme,
Que fol il se perdoit au songe d'vn Portraict
L'ayant enormément enferré de son traict:
Et que pour dernier but, il estoit meu d'enuie
Ses amours rechanter par vne autre Elegie:
Ia desia commençoit le manteau brunissant
De la nuict, le couurir d'vn voile obscurcissant:
Ia le Toreau sentant decliner la iournée,
Rapportoit au logis sa teste harassée:
Le pauure Bucheron le Mercenaire actif
Chargoit dessus son dos, ou sa beche, ou son pic,
My-rompu demandant son tribut ordinaire
Au Maistre gracieux dont tout bien il espere.
A doncq acertené que l'Astre d'Occident
Auançoit languissant la fin du iour mourant:
Et qu'entre les abois de tant d'horribles bestes,
Ses troupeaux ne porroiët leurs someilläses testes
En repos recliner:Si l'air stole serain,
Il reprend le chemin de son toict souuerain.
Que si les Postillons, ou les heraux d'Aeole
Haleinent l'Vniuers de l'vn à l'autre Pole:
Si le pers Orion, si la face d'Iris,
Si l'Anguille, l'Arcture, ou les Boucs refroidis,
D'Ericthone leschans la seneftre partie,
Menaçent les mortels d'vne soudaine pluye:
Il s'arreste prudent, il ne décampera
Du manoir asseuré, de l'endroit où sera

Son rangé bataillon, que sans nulles parades
Il enceindra soudain de mille pallissades:
Et couchant és forests, il se tient arresté
En vn toiɛt, au parmy de deux bour des planté,
Deffiant les esclairs, les foudres, les orages,
Se repaissant de noix, de pommes, de laictages:
Si bien que sans support de valet, ny garson,
Et ses doigts, & ses mains luy seruent dE'schãsou,
     Ce-pendant on verra le pere de famille
Ayant dés le matin sa cohorte gentille
Au trauail prouoqué, luy-mesme n'estre pas
A semer & herser moins aspre, ny moins las:
Et coptemplant encor sa brochante semence
Les plaines sur dorer, se nourrit d'esperance:
     Il plante là les Choux, il seme icy le Lin,
Le Trefle, le Pastel, ou le Bled Sarrazin,
Les Ers, Febues, Lupins, Pois, veches, & Lentilles
Sur le dos émié des campagnes fertiles.
Là d'vn autre costé la serpette virant,
De la Vigne le bois superflu va coupant:
Non auant, se doutant que la playe trop creuse
Pourroit tarir le suc de la vague seueuse:
Ses pieds va deschaussant: puis à force de bras
Il marie son tronc aux ieunes eschallas
     La Milloque, le Ris, le Chanure, là Garence,
Les Raues & Refforts tombent en sa puissance.
Les Persans nourrissons, les forains Orangers,
Et les bras espanduz des rares Citronniers
Eschaufez peu à peu de la celeste braize,
Le Soleil ia viril remarquent à leur aize:
Liberaux promettans à leurs maistres tout heur,
Par le lis du manteau de leur naissante fleur.
     Des fruicts des Amãdiers, Noisettes, Auellaines,
Chastaignes, Abricots, se voyent les terres plaines,

D iij

Et le front des vergers : Comme aussi des Melons,
Concombres, Grenadiers, Citrouilles, & Pompons :
Et de peur que son champ de l'ombrage ordinaire
Ne manque despouillé, la sienne pepiniere
Cultiue diligent : ores la transplantant,
La houant par le pied, l'émondant, la bechant.

    L'arbre fruictier atteint d'vne creuse entameu-
Où les vers & fourmis ont basty leur demeure, (re,
Est par luy nettoyé : puis soulageant les bras
Des Pômiers, quãd ils sont de leur charge trop las,
A iceux en apres vn pieu debout il dresse,
Afin de soustenir leur contrainte foiblesse.
Mais l'extréme soulas que ce Rustique boit,
En faisant qu'vn Entis my-sauuage reçoit
Le Cyon delicat, qu'vne fertile plante
D'estre conioincte au corps d'vn autre, se contente
Que les fruicts auancez r'asserenent tardifs
Leur marcher naturel, & que ceux engourdis
Franchissent, adoptez, leur premiere influence,
Du champestre profit descouurent l'abondance :
Luy de greffes entant le doux au sauuageau
En fente, en escusson, en biais, en tuyau :
Et le bois enfueillant d'vne ronde couronne
(Le terroir estant froid) luy mesme se guerdonne
D'espoir non incertain. Et quoy coulerons nous
Sous silence muet, l'ornement le plus doux
Qui puisse decorer le paruis des murailles ?
Et lequel honoré des sainctes antiquailles,
A rauy les esprits des plus sages humains ?
C'est ce Lin bigarré, qu'ourdissent de leurs mains
Les rares Animaux, qui le Meurier blanchastre
Transformeront en bleu, en azur, en albastre,
En verd, en orengé, en gris, & vermillon :
Qui contemplent deux fois les riues d'Acheron.

Qui de filer ayans les espaules foulées,
Deuiennent papillons aux ailes diaprées:
Qui sans arteres, nerfs veines, entrailles, os,
Chair, escailles, ny sang, entonnent le repos
En leurs vases mortels: & qui font leur semence
Tistre, battre, presser au temps que la Balance
Afuste sur les champs, sur les prez, sur les bois,
Et sur les monts poinctus, son iuste contrepois:
   Insectes genereux, quand à par-moy ie pensé
Les merueilleux effects, virans en abondance
Du cloistre de vos corps: ie ne suis seulement
Estonné, vous mirant, de tardif sentiment:
Despouillez au dehors de laicteuses bouteilles,
D'ongles, espines, dés, de nez, d'yeux, et d'oreilles,
D'escailles, de poil fol, de barbe, ou de menton:
Mais rangeans comme en rond vn tissu peloton,
Vn oual bastiment, auquel rien ne se treuue
Inegal imparfaict, qui rende vain cet œuure:
Ie suis certes contrainct espandre en tous quartiers
Les immenses grandeurs des gentils Caualiers.

   Vos excellens filets adaptez en ouurage,
De maint home caignard font grossir le courage:
Et vendus cherement sous la trompeuse vois
Ou du Venitien, ou du fin Geneuois,
Ou du peuple rayant le verger de la France,
Verseront entr'egaux la mutine semence:
Comme d'vne autre part les Princes couronnez,
Les vaillants Colomnels au combat ordonnez,
En sentent sur leurs dos les charges reluisantes:
Et des Prelats sacrez les chappes opulentes
Entreluisent ornées: mesme aussi les habits:
De ceux, que la Iustice à bon droict a cheris,
Et la peau de la Dame encor en est parée,
Tant ce fil delicat par sur tous luy agree:

Caualieri, mot Italien, signifiant les Verins de soye.

D iiij

Voire l'on apperçoit bien souuent les mortels
Deuots en tapisser les temples, & autels,
En venerer les Dieux, & les rendre propices
Par le grand appareil des braues sacrifices.

   O subtils animaux, vostre germe conduit
Vers le decours d'Auril, sous le cheuet du lict,
Sur vn ais eschaufé, sous les tiedes mamelles
Des femmes esloignees des menstruës mortelles,
Ou sur cartes touchees de vin blanc, & de feu,
A vos corsages longs donne estre peu à peu
En moins de douze iours, & au bout de quarante,
De plus croistre, ou grossir, vostre peau se contente.

   Vous affectez, l'Autône au printéps de vos ans,
Des espines le cœur, les tendrôns Ortians,
Et l'Absynthe commun, quand le tardif fueillage
Du Murier n'a tourné vers le Ciel son visage:
Et que l'air vn peu froid, & que le ciel pleureux
Vous menacent liguez de l'antre Stygieux.

   Quatre diuerses fois vous chãgez de despouille,
Vous appetez la voix de l'enfant qui gazouille,
Les Fougeres, Sarments, chastaignes, & Genets
Et du chesne les bras vous seruent d'entre-mets:
Et qui plus est, soigneux de future sequelle,
Vostre Masle testu se couple à la femelle:
Il l'honore, la craint, la baize, & la poursuit
D'vn amour coniugal : cent œufs elle produict:
Et virant au Soleil ses escosses rondettes,
Elle laisse en mourant ses engeances secretes.

   Vostre maintien deuient quelque fois engourdy,
L'humidité flairant, ou le vent de midy:
Mais vous recuperez vostre conualescence,
En estans parfumez de la souefue influence
Des couppez Salcissons du Brazier, de l'Encens,
Que r'aménent bien tost vos vertus, & vos sens.

Bref, quiconque oseroit d'vne plume hardie
Escrire vos façons, vostre soin, vostre vie,
Dans la moisson d'autruy sa faux ietter voudroit,
Et en son propre champ luy-mesme se perdroit.

Pardône moy (Lecteur,) si charmé des merueilles
Des Vers soye-filans, i'ay priué tes oreilles
D'vn recit different : expres si i'ay obmis
Te dire, que les bleds ià grandelets sortis
D'vn grain putrifié, peu à peu s'abandonnent
A la mercy du temps, & virils se façonnent.
Ia racine s'espand, la tige se durcit.
Les barbillons sont forts, & l'espic se iaunit,
Enuironné de dards, de bourses & d'arestes,
A fin de retarder les pillardes conquestes
De l'Oiseau trop gourmãd, du Merle, & du Moine-
De peur qu'vn flot d'Esté precipitãt son eau,   (au:
Et que des vents mutins la cohorte siflante,
D'vn ronfler couche-bleds ne rendissent exemte
Ia plante fourmentiere, & de paille, & de grain:
Pour euiter aussi que la bruslante main
Du fils Iaionien, qu'vne orageuse foudre
Ia ietassent non meure au ventre de la poudre.

Le Rustique tandis ne prend pied seulement
A l'espoir incertain, mais plus vif que deuant
Attellant le Cheual, où le Bœuf, ou la Poutre:
S'aydãt d'vn soc tranchãt, d'vn chaignon & d'vn
Apas entre-coupez ses terres va dontãt (coutre,
Ies vnes retaillant, les autres gueretant:
Mais (ô triste malheur) à peine sa charuë
A deux fois escorché la campaigne menuë,
Que soudain il entr'oyt du creux antre d'vn bois,
Des Ioups se renforcer l'espouuentable vois:
Ies animaux brayer, & les ondeux rauages
Ne se tenir muëts dans leurs propres riuages.

Sig-
nes &
pro-
gno-
stic.
de la
pluye
pro-
chai-
ne.

D v

Le Coq pensif tourné vers la face du vent,
Et sa plume, & son chant exerce plus souuent
Qu'il n'auroit de coustume. Icy la Vache morne
Au ciel dressant l'agu de sa heurtante corne,
Humera l'air vital dans le cerne du col.

L'Aronde rasera les estangs de son vol:
Les haraz bondiront : la Grenouilleuse tourbe
Eschappee à demy de la gluante bourbe,
En criant, dedaira son antique chanson.

L'Arc celeste s'espand: le prudent escadron
Des Auettes s'arreste en son premier demeure:
Les Corbeaux voletans croacent à toute heure:
La robbe des Chardons plus austere deuient:
La Fourmis dans le toict de son hameau se tient:
Les lampes visuement en plein iour estincellent:
Les oiseaux estourdis panchãs le chef, sommeillent:
Les Pulces, les Frelons, & les Tans fretillards,
Son cuir halé d'ardeur picquent de toutes parts.

Adoncq, saisi de peur, que son triste visage,
Et ses Bœufs my-lassez, ne ressentent l'orage,
D'vn mouuement isnel detelle ses Courriers,
Et eux & luy fuyans se guident les premiers
Dans le sobre logis : où soudain il remarque
Son espouse frapper vne cremeuse barque,
Et d'vn son resonnant, & d'vn bras peu douillet,
Iusqu'aux ais du plancher faire bondir le laict:
La matiere s'assemble, & le meilleur laictage
En beurre deuiendra, le surplus en formage,
Dont du tout vn clysse pennier elle emplira.
En son bras le tenant, soudain le portera
Dans le Marché criard, & de voix non fardée
(Delaissant à vil prix sa charge tant aimee
Au madré Pouruoyeur) baillera son argent
A l'expectant Mary, lequel peu negligent

EST comme desplaisant, & rougira de honte,
Quãd vn traict paresseux quelque-fois le surmõte:
    Car durant que le cours de l'orage mouillant
A rendu le manteau de Tellure glissant,
Et que le Roy venteux à la barbe chenuë
A chargé de liens Aquilon chasse-nuë,
Il ne s'est reposé, mais tousiours vigoureux
Au mal conserue-corps, au trauail pondereux,
Attentif à miré si le ser de ses roües
Desfermé, les pourroit espandre dans les boües:
Si leurs grands cloux testus, Si leurs cercles colez
Aux aduerses reillons, de porter sont lassez:
Si l'esseuil my-courbé chargeant la sienne eschine
Ou de vins, ou de grains, menasse de ruïne
Le Cheual limonier, son maistre, & son fardeau:
Si d'auantage encor son champestre basteau,
Son coche villageois, sa rustique charette,
De voicturer les foins à toute heure se haite:
(Heureuse inuention!) si le premier endroit
Du char brãslãt, est pas & plus bas & moins droict
Que le train de derriere, & si le tournant moule
Sur le ventre poussier sans faire bruit se roule.
    De ce non assouuy, haussant brusque les pieds
De ses vistes cheuaux, leur chausse des souliers
Non encor essayez: où rebattant la plante,
Et l'ongle ià paré de la cuisse mouuante
De l'Animal qui brait, qui tourne, & qui hanit,
Ses branslans escarpins d'vn marteau r'affermit.
    Mais encor plus soigneux, gentement il r'habille
Les serpentieres dents de sa courbe faucille:
Que s'il est inexpert, l'homme reduit au chaut
Des charbons allumez, suppleera le defaut:
Car estant plat couché dessus le ventre, il mouille
L'instrument recourbé, pour en chasser le rouille:

                        D vi

Dans le fourneau flambant le remet en apres,
D'vn humide balay larrousant tout expres,
Et le tirant hastif de la rouge fournaise,
A coups precipitez le façonne à son aise.
  Les heuilles rompües, les espointez Rateaux,
De ce vif mesnager ressentent les trauaux:
De tant que leurs duriez conuoiteux il maistrise,
Et du fil d'vn cousteau par grand soin les aguise.
Plus outre cheminant, d'vn long bras estendu,
En terre tirera le sien Van suspendu
Dans le flanc d'vn Hestrot: & prenät le brächage
De l'Ozier, le remect au premier equipage.
  Le Hibou miauleux, la rongearde Souris
Se voyent tout à coup expulsez de leurs Nids,
De leurs toicts esbrälez, de leurs vuides cachetes:
Car les granges, purgees & leurs tendres poudretes
Mouillees ayans les troux cauerneux cimenté,
Au dernier & la vie, & les biens ont osté:
Et le premier forclos du iournal exercice,
Le bled se consumant, delaisse l'edifice.
  Bref, non rassasié (ce qui denote bien
Que les bras Villageois ne pardonnent à rien)
Du labeur precedent, les toiles decoupées
Qu'ourdissent de leurs doigts les fines Araignées
Ne seront asseurees: non plus que les tombeaux
Suspendus, & hautains des peu-sombres Oiseaux,
Entre leurs dures mains: signämët quäd la Torche
Estiuale, de nous ses chandelles approche,
Et qu'il sent que le cours de l'instante moisson
En bref temps comblera de Gerbes sa maison.

l'Esté
& sa
des-
crip-
tion.
  Ce Cancre au musle noir, se guidant au riuage
De l'azur de nos cieux, en vn temple si large,
Trainant assez coyment ses picquans auirons
Sur la Terre, les eaux, les rochers, & les monts,

Rend tous hommes viuants en la plage mondaine,
Alentis & bruſlez des rais de ſon haleine.
Vn Cyclope ſouflet và ſon cœur atizant:
Vn brazier apparoiſt boüillonner flamboyant
Du cerne de ſes yeux: ſes ondeuſes eſcailles,
Le reply fretillant de ſes dures tenailles,
Son nez, ſon eſtomach le ſommet, le milieu,
Et le bas de ſes reins, ſe repaiſſent de feu.

    Orion reprenant ſa iaune cheuelure,
Viſite de ceſtuy le ſuperbe demeure,
Au matin ſe leuant: les vents preſque iumeaux
De leur chaut ſouſpirail tariſſent les canaux,
Fletriſent les conduicts, & deſſeichent les veines
Des Viuiers, des Eſtágs, des Lacs, & des Fōtaines.

    Les barbus nourriſſons de la blonde Ceres:
Les Cedres du Liban, les Sapins, les Cipres,
Entonnans dans leurs corps vne ardeur deſirée
Deſpitent ia puiſſans les effects de Borée.

    Preſque d'vn pareil cours, preſque d'vn meſme
Le Soleil aſpirant auancer le treſſas   (pas
Du Seigle ia vieillard panché ſur la pouſſiere,
Du lyon flamboyant débouclé la carriere.

    Luy plus eſtincellant que le Cancre predict,
Ses crins eſpar pillez pleins de flammes conduit
Es baſſieres contrées: & les chaudes haleines
De ſon large goſier, ſeichent l'herbe des pleines.

    La plus ſubtiles mains, le plus rare pinceau
D'vn Apelle fameux, le plus docte cerueau
Des Attiques vergers, & la plus viſte langue,
A grand'peine pourroiĕt par leur graue harégue,
Par l'ais de leur Tableau, par leur inuention,
Dire, peindre, penſer, eſcrire la façon,
Et les graues meſchefs que la Chienne béante,
Baiſant le cōpaignon du grand porc d'Erymanthe,

Sur nous autres mortels maligne reuomit,
Soit de pres, soit de loing, soit de iour, soit de nuict:
De sorte que son feu, sa poison, & sa rage,
De l'homme plus accort amoindrit le courage.
Les Poissons esloignez du vital sentiment,
Sur la face des eaux flotant sans mouuement:
Le Pharmaque benin dés sa prime naissance,
Venereux r'emplira de mortelle influence
Les corps alangouris de Fiebures, & de mal.
Le Chien abandonnant son demeure natal,
Escumant & tournant, craindra surpris de rage,
Approcher des leuées d'vn humide riuage:
Ores de quelque enfant la main il maschera:
A la face des vns, safre, se lancera:
Et les autres blessant d'vne prompte boutée,
Empraint dessus leur peau sa mordante goulée.
La malice du temps à la chaleur respond:
Les antiques Cœans voisins de Negrepont,
Par le marcher soudain, par le front, par le voile,
Et par le vif maintien de ceste chaude estoille,
Prouides remarquoient d'vn proiect ancien
L'estat en quoy seroit le residu de l'an.
Bref, en ceste saison la desbauche excessiue,
Le hant immoderé de la femme lasciue,
Les banquets dissolus, l'abondance du vin
Seruent à nous mortels de plus aspre venin.

De la Fourmis & ſõ naturel.

Et quoy? beaucoup parlãs de l'Esté porte-gerbes,
En oubly mettrons-nous les bandes peu superbes
De la sage Fourmis? veu qu'euitant la faim
Ell'amasse en ce temps, dans sa case, le grain:
Afin de sustenter le surplus de sa vie,
Quand le froid souspirail, quand la blanche furie
Du grand mignon d'Aeole, auec ses dards cuisans
Euentera les monts, & la robbe des champs?

Prouides animaux, il n'est pas raisonnable
Que chantant de Ceres la toison delectable,
Les bourionnans buissons les champs passementez
De rubis esclatans, & les flots argentez,
Ie desire (trainant vne main paresseuse)
Rendre de vos grandeurs la memoire oublieuse.

Nature se baignant à vous faire tous noirs,
A vous rendre soigneux dans vos riches manoirs,
Des autres vos germains a franchy l'excellence,
Vous formant: car mal d'eux n'excede la puissäce,
Ny le poids de son corps, soit à prendre fardeaux,
Les surgir, & porter : mais ces promps Animaux
Voictureront souuent vne charge, laquelle
Sur-passe de beaucoup leur grandeur naturelle.

Les bestes estrangees de la saincte raison,
Pour conduire leur bien, pour regir leur raison,
Et pour les conseruer de la gueulle mordante
Du sexe different, qui peu courtois atente
Bas les exterminer, entr'elles eliront
Vn prudent Empereur, & gayes luy rendront
Reliqua de leur gain, & de leurs corps hommage,
Quand leur vie pour luy toute la bande engage.

Les Fourmis susnömees, sás Roy, ny Gouuerneur,
Prince, Confalonier, Monarque, ny Seigneur,
En paix se maintiendront: car la troupe gentile,
Fuyante les efforts d'vne guerre ciuile,
Dans son obscur logis le grain apportera,
Et ce luy trop grossier de ses dents froissera.

Si la munition se trouue fort pesante,
Soudain arriuera cohorte suffisante
Pour adoncq' voicturer le penible fardeau
En l'vn des Cabinets du serpentier hameau:
Qui vaste composé de trois diuers estages,
Esmerueille beaucoup les esprits des plus sages.

L'vn d'iceux se verra des masles habité:
Des femmes le second reluira frequenté:
(Car eux, bien qu'assortis d'extréme petitesse,
Sont remarquez viuäs en l'vne & l'autre espace:)
Et le tiers enfermant le plus rare butin,
Par eux sçeu conquester, leur sert de magazin,
De caue, & de grenier : encor elles ont cure
(Selon le commun bruit) d'ottroyer sepulture
Aux Cadauers defuncts, les mettans pres de l'huis
En vn trou sepulchral dans vn sombre perthuis.

Homme trainant au corps vne ame nonchaläte,
T'aduouant pour vassal de l'aparesse lente,
Es-tu surprins d'ardeur ? dy moy, desires-tu
Preuoir à l'aduenir embrasser la vertu,
Et ne viure otieux en la plage mortelle?
La Fourmis te pourra-seruir de seur modelle.

Respons à mes propos : as-tu la volonté
Vers les corps roides-morts exercer charité,
Esloigné des brandons de la fureur d'Achille,
De cinne de Carbo, de Sertore, & de Sylle,
Qui les corps acablez du fer de leurs cousteaux,
Afin de les manger, offrirent aux Corbeaux?
Et veux-tu d'abondant ficher ton esperance
Aux effects bouillonnants du lac de vigilance?
Remarque l'animal, dont le soin enhardy
Des autres va domtant le marcher engourdy,
A lors tu cognoistras de combien la nature
A voulu decorer la srenne geniture :
Et qu'aucuns d'entre nous plongez aux voluptez,
Cheminent icy bas des Brutes surmontez.

Pour tesmoins ie vo⁹ liure, ô mignardes Auettes,
Vous coblez vostre dos : vous chargez vos cuissettes
Pour le miel composer, de Thyn, de Serpoulet,
Narçisse, Melilot, Cythise, Vacciet,

Bafilic, Origan, Bourroches, Marioleine,
Et d'autres fleurs facrees que Vefte nous ameine.
Voftre Roy conduifant fon rude bataillon,
Chemine defgarny de picquant aiguillon:
Chacune d'entre vous fans feinte le venere,
L'aime, comme fon corps, le craint, & le reuere.
Il marche le premier, & plus grand & plus gros
Que pas-vne de vous : déniche le repos
De vos nerfs alentis, & fa voix bourdonnante
Les frelons ennemis quelquefois efpouuante.
Genereux il ne craint viure, & mourir pour vous,
Il ne vomit iamais vn efcumeux courrous
Contre ceux qui touchez d'vne rage felonne
Esbranler ont ofé fon fceptre, & fa couronne.
	Que fi quelque mutin enflé d'ambition
Entreprend fous fes loix ranger le tourbillon
Des mouches au lõg-corps, par vn peu calme orage,
Sur elles affectant vfurper l'auantage:
Et que ce Roy mauuais, de poil noir reueftu,
Hideux à regarder, apparoiffe velu,
Subit relegueront fon ame conuoiteufe
Es riuages obfcurs de l'onde Stygieufe,
Où prefide Acheron, & en moins d'vn clin d'œil
La ruche, & fes cachots luy feruent de cercueil.
	Si leur Duc naturel accablé de vieilleffe,
Ne peut marcher aux chãps pour la grãde foibleffe
Qui lente le detient, adoncq' le chargeront
Sur leurs dos arrengez, & le transporteront
Es endroits fouhaitez, : durant fa maladie
Trainantes au fur-plus vne bien trifte vie.
	Mais quelle plume, helas! quel encre, quel papier,
Auroit bien le moyen en ces vers declarer
Leur foin prefque diuin : lors qu'aucunes tournees
Aux portes du logis, contemplent arreftees

Et remarquent remplis d'vn propheticq' esprit,
D'vn penser Sybillin, soit de iour, soit de nuit,
Si le ciel grommelant, si les proches tempestes
Pourroiēt trēper le haut de leurs peureuses testes?
   Les autres enfermees dans leurs rondes maisons,
Du miel ia sauoureux agencent les rayons:
Et les tierces guindees au parmy des Campaignes,
Des forests, des buissōs, des prez, & des mōtagnes,
D'vn asseuré maintien, & d'vn vol estourdy,
Pour l'honneur combattront l'estranger ennemy.
Le surplus demeuré dans les casettes, vire
Et poiĉtrit de ses pieds la bouillonnante cire.
   Bref, ne se trouuera ny Monarque, ny Roy
S'il daigne, studieux, remascher à par-soy
Vostre sain iugement, vostre bonté publique,
L'estat bien gouuerné de vostre Republique,
Qui ne soit à l'instant en son ame rauy,
En luy-mesme content, recomblé de soucy,
Et de peine amateur, contemplant les merueilles
Pullulantes des corps de vous tendrés Abeilles:
Pour lesquelles louer, copieux i'emploirois
Et le traiĉt de ma main, & le son de ma voix.
Mais celuy deriué du font de la prouince
Qu'arrose de ses flots la riuiere de Mince,
Ayant si doĉtement vos merites chanté,
Vos trauaux, vos combats, & vos biens recité:
(Tant il est bien-parlant) mō vers mol, & humide
Noye soudainement és eaux d'vn tel Charybde,
Craintif desesperant apparoistre glaneur
Apres les pas traquez d'vn si grand moissonneur.
   Or tandis que rauy, loin de moy ie m'esgare
Pres les bords trauersiers d'vn verger my-barba-
Et que plain de fureur mes vistes pas ie perds (re:
En vn champ estranger, qu'vn grand orage pers

Rigoureux a souflé du vent de son haleine:
D'vne autre part ie voy la campaigne ia pleine
De dispos Aousterons: l'vn d'iceux my-courbé,
Contre la terre ayant le visage tourné,
Tastonnant, & marchant, ronge l'espic fertile
Par le trac serpentier de sa croche faucille.
L'autre moins ennuyé, les iauelles espand,
Ouure, & change de lieu, quand le flot d'vn torret
Ses eaux precipitant au centre des vallées,
Et des champs riuerains, leurs robbes a baignées:
Les desseiche, & les prend puis soudain entassant
Monceau dessus monceau, la gerbe va formant:
Il la foule des pieds, & l'estrainct, & l'appreste,
A fin d'en tapisser sa roulante charette.

   Non loin de ce quartier le bruslé Porte-faux
Dediant le sien corps à cent mille trauaux,
Façonne les ondains, & vsant de vitesse,
Vn seul brin des espics debout il ne delaisse,
   La femme ce pendant calme soubs le bras verd
D'vn antique Poirier, ou soubs le toict couuert
De chaulme, de bardeaux, ou sur le frôt de l'herbe
Tord les membres douillets de la recente gerbe:
Et enyurant iceux au cours des petits flots,
D'vn halé seruiteur en recharge le dos,
Les espaules, le col, & la peau barassee,
Pour tenir en ces lacs Ceres enuironnee.

   Cela faict approchant l'heure qu'il faut menger,
Dans l'estomach pansu d'vn vase potager,
Dans vn verre de bois, dans la terreí re escuelle,
Estanchera la faim de sa lourde sequelle.

   Personnages heureux, qui de loin surmontans
Les delices fardees, les appasts attrayans
Des douces voluptez, imitez Empedocle,
Et le buffet grossier du Tyran Agathocle:

Lequel memoratif que son los incognu
Dormoit entre les siens : qu'il estoit paruenu
(Ayant prins d'vn Potier sa charnelle naissance)
Au degré souuerain de Royale puissance:
Qu'il tenoit les vassaux du bord Sicilien
Enserrez, & captifs sous vn roide lien:
Que le port de Lipare, & celuy de Messine
Trembloient au seul regard de sa robe azurine:
Mesprisoit les hanaps en grand' bosse éleuez,
Et les autres vaisseaux par art élabourez:
Affectant pour l'obiect d'vn plus braue seruice,
De mestier paternel exhiber l'artifice.
    Ainsi le Villageois sans coupe, ny vaisseau
Engorgeant à lōgs traicts les vagues d'vn ruisseau
En son chiche repas, l'estat il represente
Et la condition, où la terre innocente
Estoit iadis au temps que Saturne regnant
Debonnaire n'alloit de la Grece fuyant,
Surgir au bord heureux de la riche Oenotrie,
Pour de son aisné fils euader la furie.

Le de-
clin
du
iour.
    Mais (gens laborieux, & penibles humains)
Cependāt que vos pieds, & vos bras, & vos mains
S'appliquent au trauail, & que sans nul relasche
Chacun rendre pretend sa iournaliere tasche,
Demy-bruslez de gain vous n'apperceuez pas
Le Soleil ià deffaict, s'auancer au trespas?
Du village prochain s'éleuer par ondées
Le tourbillon venteux des espoisses fumées:
Les Vaches, les Moutons, & les Aigneaux criards,
A leurs antiques toicts courir de toutes parts:
Indice bien certain, que la nuict argentine
Aux recreus seruira de prompte Medecine:
Et qu'il vous esconuient, & qu'il est de besoin,
Sans long retardement, qu'vn chacun prenne soin

De rapporter au creux des obscures tanieres
Vos outils espointez, vos engins mercenaires.

  Lors que suans d'ardeur, vostre noiraftre teinct
(Latone suruenant) quelquefois est contrainct
La frescheur appeter, vos modestes mesnages,
Vostre pain demy-brun, vos peu friands bruuages,
De vos liéls enfumez le trop ferme duuet,
Le brouet commensal, le fromage douillet,
Et l'Attique festin afranchy de fumée,
L'aigreur adouciront de toute la iournée.

  Le bois entre-coupé des Atramites gens,
Enuoyans deuers nous le pacquet de l'encens:
Le Cep vineux planté sur le haut d'vne grotte,
Entortillant les bras de l'arbre qui le porte:
Le baume larmoyant, le suc Ambrosien,
Le fin sucre tiré du terroir Candien:
L'humeur delicieux que le sein fort humide
D'vne Canne a vomy dans le champ Hesperide:
Le butin opulent, que l'Arabe fecond,
Que l'Indois cheuelu, remarquent sur le front,
Sur le dos, sur la peau, de leurs grasses contrées
Du leuer de Phebus non guieres éloignées:
Du sauuage Perou les plus fertiles bors:
Et pour conclusion, la masse des thesors
Que l'este, des mortels pitoyable nourrice,
A caché dans le creux de sa noire matrice,
Par luy ne sont cheris de telle affection,
Que les biens peu sardez de sa pietre maison:

  Tost apres que les crins d'Andromede la blonde
Vont flotans par ondées sur la face du monde,
Et qu'Apollo guidant ses rayons ià voilez
Par le trac coustumier des grands cieux estoillez,
Veut cognoistre son poids, sa force, & sa puissance,
Accostant d'assez pres la celeste Balance,

le terrestre element, auec l'eternel feu,
Leurs caduques beautez nous ostent peu à peu:
Flore ses dons exquis chaque iour nous desrobbe:
Pomone aux beaux cheueux charge la siéne robbe
Des fruicts plus delicats, ou dedans vn pennier
Les portant, va combler les ais de son grenier.

Le passager Oiseau, l'inconstante Arondelle,
Et la troupe des Gruë, gaignant à tire d'ailie,
D'estomach, & de pieds, trauersans l'Ocean,
Vn demeure plus doux, leur manoir ancien:
Où par six mois entiers, des rudes vents l'eschine,
De neiges & glaçons leurs manteaux n'enfarine.

Et comme on apperçoit l'Automnale saison
Et de vins, & de fruicts enrichir la maison
Du Villageois, auquel l'esperance est fichée
Au critique decours de la mourante année:
De pareille façon les maux, & les excez,
Durant le cours de l'an conquestez tout exprez,
Ou par erreur glissant, quand la rage glouttonne
A tous autres forfaicts ses enfans abandonne,
Reuerdissent instans, bourionnent tout debout
En l'humain bastiment, qui leur sert d'vn esgout,
D'vn receptacle vil : comme dedans le cerne
Ombrageux, & puant de la vieille Cisterne,
S'assemblent les bourbiers d'vne grande cité.

De ces traicts desbordez l'Automne despité,
Largement versera sur les debiles terres
Mille maux redoublez, mille fascheux catherres,
Langueurs, Hydropisies, Fiebures, Bourdonnement
Importun de cerueau: vn flux, vn desuoyement
Des intestins boyaux, & la chaude gratelle,
Qui pour ayde plus seur la main tousiours appelle.
Ce pendant le Ventier, le pauure Bucheron
Charpenterant le bois: le riche Vigneron

Diligent remarquant la grappe desia meure,
Et le Pampre vieillard, la coupe sans demeure:
Et encor affectant separer le raisin
Pourry d'auec le bon, le trie brin à brin:
Le plonge puis apres dans la cuue mortelle,
Et comme l'or fondu, le met en la coupelle.

    Les autres Artisans enflammez de cerueau,
De leurs grã's pieds velus press'ët le vin nouueau,
Le delaiss'ét bouillant, l'enferment, & l'entonnent
Et demy chancellant entr'eux mesmes s'estonnent

    Ie voy d'autre costé pres le champestre bord,
Le Rustique foulant l'heritage du North
Dans la France enlacé, charger la sienne espaulle
Du Sarclet tire-bou, de la dispose gaule:
Et d'vn extreme effort, & d'vn coup non failly,
Du Poirier ia grison le brancher assailly
S'escrouler rudement, & sa chere portée
Apres vn long estrif, en terre estre iettée,
Le morne seruiteur, le garson resentant
Le fruict forcé de cheoir sur son dos bondissant,
Coustumier de patir, en rien ne s'esmerueille,
Ains l'ayant amassé, l'emporte en sa corbeille.

    La femme, à qui la voix du pere mesnager
Maintesfois a donné charge de commander,
Reçoit les dons meurdris, les distingue & separe:
Les plus delicieux sa dextre fort auare
Conserue seurement, les tenant à couuert
Soubs le manteau pailleux, pour seruir au dessert
D'vn festin sumptueux, qu'vne ieune Espousee
A voulu consacrer au nopcier Hymenée.

    Du fruictage le reste au pressoir est transmis:
Le Cheual esblouy, le mast tournant à vis,
Et de ce Villageois l'inestimable pleine
De Syldres surdorez, rendront la cane pleine.

Le Berger preuoyant par le rude voler
Des Rameurs emplumez, que la bouche de l'air
En bref débondera sa frissonnante haleine
Sur le dos morfondu de l'Aigneau porte-leine:
Retranche son menger, & sa prouision
Gardera pour le cours de la morne saison.

Le Gouuerneur accort d'vne simple famille,
Cognoissant que l'hyuer & negeux, & sterile,
S'appreste lentement, à fin de reserrer
Des humeurs & des grains le trop viste marcher:
Reiettant les habits & les robbes fourées,
Se munit de gros bois, de fagots, de bourrées:
Non pour rotir sa peau, qui iamais ne se veit
Caignarde à la splendeur du charbon qui reluit,
Mais en intention que la cuicte viande
Sëble au palais des siës plus souefue & plus friäde.

De cela peu content, saisi d'vn lymaignon,
D'vn suif inueteré, d'vn retors moucheron,
Dedans l'estuy serré d'vne profonde escuëlle
Rechergera les reins de sa moite chandelle:
La laisse rafermir, & l'entourant de foin,
De la garder au temps des longues nuicts a soin,
Helas (hommes diuins) vos bestes engressees,
Du troupeau feminin les baueuses fuzees,
Le brazier domesticq de l'esclair bluëtant,
Vos sombres bastiments quelque-fois acostant,
Le soucy, le penser, ny les fins artifices
A grand peine pourroiët seulets vous faire riches:
Il faut marcher plus outre, & sonder plus auant
Les mistiques secrets du bassier Element,
Du plancher arrose des vagues de Neptune:
Car l'instante saison vn chacun importune
De respandre, & couurir d'vne soigneuse main,
Sur les champs esniez, la semence du grain:

Que

Que l'Oiſeau reſſemblant vnique en ſon eſpece,
Vit pour mourir bien toſt, & ne voir ſa ieuneſſe
Inutile marcher: & meurt apres, à fin
Que du dernier hocquet de ſa tremblante fin,
Ia terre dans ſes bras peu chiche, enſepulture
Vn eſcadron d'eſpics, vne engeance future.

De Ceres le fermier ſçaura premierement
Des Aſtres ætherez le cambré mouuement:
Ia qualité des vents, & ſi l'inſtante annee
Marchera lentement, ou beaucoup auancee
Des pas antecedents: puis ſera curieux
De remarquer l'humeur, & l'aſſiette des lieux
Dont il eſt poſſeſſeur, leur force, & leur nature,
Auant que les orner de prochaine verdure.

De pareille raiſon qu'vn docte Precepteur,
De l'auance des ſiens ſe monſtrant zelateur,
Tentera leurs eſprits, les poingt, & les anime
De prendre à leurs cerueaux conuenable doctrine.
Et comme au temps mutin, que mille gonfanons,
Sacres, paſſeuolants, mouſquets, doubles canons,
Et maïts braues guerriers targuez de corps de ma-
D'vn éclos orgueilleux écernet les murailles, (illes,
Et que les durs cailloux des battus bouleuards
Les gens, & les maiſons froiſſent de toutes parts:
Ie ſage Gouuerneur cognoiſant la portee
De ceux enuironnez de l'aſſaillante armee,
A la garde d'vn coin les vns deleguera,
Dans vn bas parapet les autres placera:
Aucuns pres vne Tour: les hommes vieux, les filles,
Et les femmes troublees au combat inutiles
Or donnera marcher, pour auecque des licts,
Terraſſes, matelats balotes, & coutils,
Amortir les effects, dont la chaude Pelote
Menaſſe inceſſamment la troupe demy-morte.

E

Ainſi tout champ, verger, heritage, ou terroir,
Sans regard, ou reſpect, ne peut pas receuoir
Tous fruitages, ny grains: En vn coſteau la Vigne
Pluſtoſt qu'en lieu baſſier ſes bras tortus prouigne.

Icy l'Orge, le Seigle, & le iaune Forment
Beaucoup plus volontiers hument leur aliment
Qu'en vn autre pays: de là cet heritage
Difficile élira pour le poids de ſa charge
Le Sainct foin, les Reſſorts, les Ers, ou le Paſtel:
Vn autre appetera qu'on paue ſon hoſtel
De Coigners cotoneux: & la tiede campaigne
La Citrouille prendra pour la ſienne compaigne.

Quoy? ne voyons nous pas que les mols Sabæans
Par tant de flots ſalez, deçà guident l'encens?
Que Tmole aux longs ſourcils, du profond de Lydie
Les Odeurs nous tranſmet: & l'Yuoire l'Indie,
Arraché de l'enclos du muſle Elephantin?
Que le Pontique bord le plus riche butin
Du Caſtor eſcouillé, donne aux peuples eſtranges?
Que le climat de Blou admire les vandanges
Plus frequentes vers luy que le peuple rayant
Le champ Abbeuillois, la Flandre coſtoyant?
Et que celuy marchant la Prouence Orangere,
Ne voit deçà florir la greffe Citroniere?

Ce ſont, certes ce ſont les éternelles lois,
Que la mere de tous à graué ſur le bois
Du pillier naturel, dés que la terre aimee
Des limonneuſes eaux ſe cognut deſchargee:
Que les chaſtes eſpoux Pyrrhe & Deucalion,
Derriere eux reiettans le pierreux tourbillon,
Repeuplerent les champs, & par grand' exercice
Formerent de nouueau le charnel edifice.

Parquoy bien informez, quel grain ſur le ſiē dos
La terre peut virer, le nourrir en ſes os,

Et par creu l'éleuer, ce Rustique s'appreste
Voicturer sur l'esseuil de sa courbe charete
Le fumier enyuré d'vn éternel degout,
Occupant vn quartier de la fangeuse court
Fumier, Nectar des chãps, & leur plus riche fange,
Par lequel il prétend de grain emplir sa grange:
Et partant meu d'espoir, le traine sur le champ,
Le descharge, le rompt, le iette, & le respand
Es endrois amaigris: & vne glebe dure
Luy donne vigoureux en lieu de sepulture:
　　Le mesme laboureur ayant d'vn soc poinctu
De la rude Ceres l'eschine combatu,
Brisé, tranché, disioinct, & reduit en poudrete:
Attachant à son col vn linge, vne seruiete,
(Le Soleil estant clair) cheminant pas à pas,
Le germe fourmentier espandra par compas
Et craignant que le bec de la gloute volaille
Ne déterre le grain, vn grand homme de paille
Planté pres les orees du moderne retail,
Et du champ éparty, leur sert d'espouuentail.
　　Outre saisi de peur que l'hyuernale pluye
Ne refroidisse trop la gréue enséuelie,
Soigneux entr'ouurira de long, & de trauers,
Les costez aplanis des seigles desia verds:
Et iceux éuentant de tournantes fontaines,
Cõme au terrestre corps, leur façonne des veines.
　　Encor non estanché, les prez rastélera,
L'eau dessus leurs habits doucement coulera:
Empeschant que des bœufs la troupe mugissante
Ne froisse de ses pieds l'herbe ia renaisante:
Le bataillon serré des ieunes arbrisseaux,
Aubiers, Saules, Oziers, Erables & Ormeaux
Replanté, fichera ses mordantes racines
Dans le globe fertil des terrestres eschines.

E　ij

Hé quoy? vous ententifs au rustique trauail,
Ne contemplez vous point loin du champ Estiual
Le Gond, & le Scorpion, deux lanternes errantes
De trauers regarder les terres palissantes,
Apres que les cantons du ciel sont exemptez
Du flambeau iournalier des Vergiles clartez?

Quāt à moy, par l'obiect des mourātes Estoilles,
Par tant de noirs habits, de manteaux, & de voiles
Auanceans tenebreux le trespas du clair iour,
Par l'oriņe couleur, par le tardif seiour,
Et par les mols rayons du Prince des Planetes,
Ie sens le froid Hyuer s'asseoir dessus nos testes.

Pendant lequel decours raisonnable il seroit
Que chacun d'entre vous, de la poincte du froid
Esloigné, dediast à la grandeur sacrée
De Bacchus, & Vulcan, le surplus de l'année:
Que lassez, & recreus de tant de millions
De trauaux brise-corps, soucis, afflictions,
Dedans vn toict exempt des cuisantes haleines,
Vous charmissiez l'aigreur de vos ātiques peines.

Mais ny l'air peu constant, les vents, ny les glaçõs
Suspendus aux égousts des glissantes maisons,
Ny des tendres frimats la mouillante cohorte,
Ny ce Prince venteux ouurant la froide porte
A ses postes courans, qui d'vn vif souspirail
En pacquets acheptans, reuendent en detail
A leurs hostes craintifs vne chere denrée,
Dont leur tremblante peau se ressent assiegée.
Bref, du Latonien le brazier incognu,
En vn autre climat par force detenu,
Ne sont assez puissans pour brider ce courage
Et le ferme vouloir de cestuy, qui fait rage
D'embrasser les trauaux : quand le froid violent
Semble rendre le haut de l'air estincelant,

Et que du Citadin la brulante fournaise
A peine en son manoir le maintient à son aise.
   Car voyant que d'Iris les sales chariots
Sur Veste ont espandu mille bouillonnans flots,
Ou que son dos couuert de la flote negeuse,
Rend de marcher plus loin la cuisse paresseuse:
Pour surprëdre en sa main les oiseaux affamez,
Maintes reths, maints ëgins, maints filets émaillez
Dressera diligent : tantost vers la serée
Dans vn cerne branchu les prend à la pipée.
   Et ores estendant pres le bord d'vn ruisseau
L'escadron arrengé de l'affronteur gluau,
Les empiege souuent, & tant plus il s'apprestent
Eux tirer de ce mal, dauantage ils s'empestrent.
   Ores plus vigoureux vn grand Liéure fuyart
Desire d'attirer à l'estour d'vn combat
Pour luy sanguinolent : soit vsant de finesse,
Ou bien aiguillonnant la courante vistesse
Du Gallique Limier, qui le court, qui l'atteint,
Le tourne, l'esbahit, le bourre, le contraint
De corrompre son train : & rebattant la pleine
Du Liéure va souflant le poil par son haleine.
En fin l'ayant surprins au destour d'vn costau,
Dans le fleuue sanglant détrempe son museau
   Icy d'vne autre part la Rustique sequelle
Enfourne les Perdris au creux de la Tonnelle.
Mais comme vn prisonnier, que la commune voix
A conuaincy d'auoir au riuage d'vn bois
Sagmenté d'vn Passant & l'ame, & la valise:
Estant au lieu serré, iournellement s'aduise
De cent ruzes cachées, inuentant la façon
Comme il pourra franchir les murs de la prison:
Afin que luy, qui sent son trespas d'heure en heure
Aprocher, s'escartant du mal-plaisant demeure,

E iii

Preserue le sien corps de n'auoir pour tombeau
L'estomach affamé d'vn Chien, ou d'vn Corbeau
Ainsi de la Perdris la douce geniture
Prinse par le hazard de la triste auenture,
Court d'émail en émail, de quartier en quartier,
Sous l'espoir incertain de rompre & déplier
Les nœuds entortillez, & que sa chair tremblante
Ne sente du Mastin la pate deschirante.
Mais (las) de l'Oiseleur l'impitoyable sein,
Ou ses poches liees, emportent cest essoin:
Le meurtrissent apres, pour la bourgeoise table
Couurir, & tapisser d'vn mets si delectable.

   Rien ne sert au Pigeon son estomach enflé.
Son glouton appetit, son vol precipité,
Son courage fuyard, qu'il ne meure seruile
Acablé dessous l'ais de la trousse mobile.

   Ie sçay que l'on dira le madré Leopard,
L'Once, le Caualot, le Chameau, le Renard,
Ie Sangler eschaufé, le Dain, & la Tygresse
En courant au galop, surpasser la vistesse
D'vn Torrent montaigneux, d'vn esclair, ou d'vn
Que le Getulien a poussé de son Arc: (dard
Neantmoins si parees de la traistresse embusche
De cestuy qui les voit, les espie, & les iusche:
Et qui par les endroits esquels ils vont souuent,
Mille pieges trompeurs va planter au deuant.
Des bestes susnommees la vigueur courageuse
Euiter ne pourra la dextre perilleuse
Du Rustique saillant, que ce rude Veneur
D'vn baston enrouillé ne leur fende le cœur:
Ou huiant, tabutant, & siflant, il les presse
De quitter les buissons de la forest espesse.

   Et quoy ! dans les estancs le nageur escaillé,
Au lieu d'auoir la paix, est encor trauaillé

Des Rustiques engins, quand la terre deserte
De Neges ou, Glaçons s'esgaye descouuerte
Que la feste suruient, que le chommable iour
Les contraint embrasser vn honneste seiour:
Et quand l'hœbe virant ses debiles prunelles,
Nous eschaufe vn petit du vent de ces chandelles:
De sorte que sur l'eau les frissonnans poissons
Apparoissent branslans leurs mornes auirons
Leurs nageoires fletries: qui propremēt ressemblent
Les chāpestres enfans, lesquels lourdauts s'assēblēt,
La trompete escoutans, ou d'vn Magicien,
D'vn arracheur de dents, ou d'vn fin Charlatan:
Mais si tost qu'ils ont sceu leur attente pipée
Se nourrir seulement de glissante fumée,
S'en retournent confus, & voudroient volontiers
(Tant ils sont inconstāts) rembourser leurs deniers.
    Adoncq' battāt les flots, d'vn seul coup les enlace
Dans le filé nodeux, dans les flancs de la nasse,
Du plomb, de l'esparuier, du liege, & du tramail.
    L'autre moins desirant embrasser le trauail,
Couché sur le rampart des aqueuses murailles,
D'vn hameçon crochu leur dicoust les entrailles:
Et mirant du captif l'assidu mouuement,
Ses efforts tressaillans, le tire brusquement,
Ayant extreme peur que la conqueste humide
N eschappe demy-morte au ventre Nereïde.
    Hommes, ie m'estonnois quels Esperons brochās
Auoient si rudement transpercé vos deux flancs,
Et pourquoy des Poissons la semence escaillée
En ses propres logis ne viuoit asseurée:
Mais ie suis maintenant aduerty d'autre part,
Qu'apprestez vigilans vn banquet nuptial
Pour l'vn de vos enfans: & que la compagnie
Desgarnie d'esmail, & de l'or de Clytie,

Simi-
litu-
de.

E iiii

Conuoye honneſtement de l'Egliſe chez vous,
Auec des Inſtrumens, & la Femme, & l'Eſpous:
E que pour mieux traicter la troupe ſi tres-grāde
Deſirez leur offrir vne double viande.

  Les hoſtes congregez chacun iouxte le rane
Qu'il tient, s'enfermera dans les cornes du banc,
On mange poſément, & toute l'aſsiſtance
Entre le vin & l'eau ne mettra difference.
L'vn tenant en ſes mains la Bacchique liqueur,
A boire incitera ſon voiſin, ou ſa ſœur,
Son pere, ou ſes germains: & l'autre qui rechigne,
Le vin par vn deſdain entonne en ſa poictrine.

  Entre les commenſaux s'eſleue vn petit bruit:
La fumeuſe vapeur du iuſt deſia conduit
Au centre du cerueau, les paroles augmente.
L'vn vaincu panchera ſa teſte bourdonnante,
Afin qu'accrauanté des fleches du dormir,
Il ſente en vn moment ſes eſprits s'engourdir:
Et l'autre eſtimera qu'il voit parmy les nuës
Voltiger, & bondir cent chimeres cornuës.
Bref, chacun de plaiſirs totalement atteint,
Ne tache qu'à bannir le chagrin qui le poingt,
Qu'à tromper les ennuys, & par maintes aubades
De Saturne effacer les triſtes algarades.

  Le Chef de la maiſon au leuer du feſtin
Remercie ſes gens, priant Dieu que la fin
Et le commencement du conclud mariage,
Ioin des nouueaux Eſpous banniſſe le dommage,
Ne permettant qu'ils ſoyent par vice deſconfits
Puis tirant à l'eſcart la tourbe de ſes fils,
Auſquels il veut laiſſer vn ample patrimoine:
Preuoyant d'autre part que la Parque inhumaine
En bref temps, de ſes iours detordra le fuſeau
Par le lis de ſon poil, par l'honneur de ſa peau.

Et par tant de crachats que sa gorge baueuse
Tire du fond pourry de sa poictrine creuse
Leur presente vn faisceau de verges, composé
De cent mille branchers: Chacun d'eux est forcé
Ie rompre vistement. Adonc sur luy se ruènt,
Et de le recourber maintefois s'esuertuènt.

Mais tant plus ces enfans s'acharnent courageux
A bander les cordeaux de leurs membres nerueux,
Moins ils le froisseront: car la force vnanime
Des bouleaux entassez, de soy-mesme s'anime,
Iusqu'à tant que le corps du fagot, deslié
Brin à brin, par iceux lentement est trié.
Adoncq' le Pere vsant d'vn sõgeastre soubz-rire,
Tels, ou semblables mots eloquent leur va dire.

Bande, qui plus coyement l'air me force humer; Simi-
litu-
de.
Os extraicts de mes os, & la chair de ma chair:
Nerfs tirez de mes nerfs, que i'ayme dauantage
Que le brutal instinct de la Fere sauuage
Ne poursuit les siës faons, au temps qu'vn passager
Espoinçonné de grain, pretend les rauager:
Elle roidit son crin, & à teste-bassee
Se ruè brusquement sur la tourbe estonnee:
Se tempeste, se tord, ne craignant des bouuiers
Ny les glaiues tranchants, ny les fermes leuiers.

Et comme en vous seulets mõ espoir ie colloque,
Aussi vostre amitié doibt estre reciproque
Vers moy, non seulement à raison que ie suis
Le createur second de vos charnels estuis:
Que par moy vous mirez l'excellence du monde,
Pour auoir entonné la semence feconde,
(Tirée lentement du plus delicat sang
Fouillonnant autour moy) dans le maternel flanc:
Mais d'autãt que prochain des bords Acherontides
Soigneux, ie ne pretéds vos cerueaux laisser vuides

E v

Ny forclôs du diſcours d'vne graue leçon,
Qui de biens emplira la Ruſtique maiſon:
Eſcoutez mes propos, & ma langue ſucrée,
Traçant encor les pas d'vn Neſtor, ou Cynée.

    Cela qui peut garder par long temps, immortel
L'entortillé limon du Ciment fraternel,
Eſt la dilection, & la concorde ſaincte,
Qui doibt entre vous tous ſe heberger ſans feincte.
Car tandis que le nœud des rares amitiez
Enſemblement tiendra vos courages liez,
Croyez aſſeurément que l'œillade enuieuſe
D'vn voiſin n'oſera ſa ride ſourcilleuſe
Tourner contre vos champs: & que voſtre ennemy,
Tant ſoit il vigoureux, ſera trop peu hardy
De vous pourchaſſer mal: Mais ſi vos deſtinées
Sont de brandons ciuils ardemment embrazées,
(Execrable poiſon) & que chetifs rompants
Vos meſnages vnis, par actes diſcordants
Appetez ſoubs l'eſcrit des publiques partages
Tranſonner par morceaux vos côioincts heritages:
Sans doubte aucun, l'eſtour d'vn tragique meſchef,
En bref parfumera le haut de voſtre chef:
Vous reſterez vaincus, & l'eſtrangere terre
Vous verra d'huys en huys voſtre pain aller querre:
Ainſi que le faiſceau des verges eſpandu
Eſt demeuré ſubit, & deſioint & rompu
Par vos terreuſes mains. Repenſez, ie vous prie,
Que des feux atherez la viſue compaignie,
Que le brillant azur du cambré Firmament,
Que les airs treſſaillans, & que tout l'ornement
Terreſtre ne pourroit guider ſa forte reſne,
Si la voulte des cieux eſtoit de guerre pleine,
Si diſcorde y regnoit: Et ore, que le dos
De la mer, quelquefois ſoit mutiné de flots,</pre>

Exem
ples
pour
confir
mer
la pro
poſi-
tion.

Neantmoins du treſpas de leur chaude querelle
Renaiſt vne amitié: s'allume la chandelle
De Caſtor & Pollux, dont les yeux Damoiſeaux
Eſtincellans d'ardeur raſſerenent les eaux.

    Penſez auſſi combien la bataille inteſtine
Attire vn grand cheſnon de ſanglante ruine,
De combats effrenez, de maux & de tourment.

    Le Medecin ne peut ſi treſ-parfaictement
Guarir l'interieur, comme la maladie
Qu'il voit par les conduicts de la chair aboutie.

    Et comme le ruiſſeau deſſus l'herbe coulant
Eſt trop mieux arreſté, que celuy tournoyant
Dãs terre, tout autour dũ cerne d'vn grãd goulfre,
Ses flots atiediſſant aux minieres de ſoulfre:
Ainſi plus aiſément l'eſtranger eſt domté
Que l'ennemy ſecret. Quel bourg, quelle cité,
Quel le riche palais, quelle pauure Caſſine
De Paſteurs, ſe pourra garentir de ruine,
Si du feu de diſcord elle veut s'embrazer?
Par concorde & Amour on voit haut s'éleuer
En bien peu de loiſir les maiſons ſouffreteuſes:
Où par diſſenſion les familles heureuſes
Sont proſternées à bas, en perdant leur credit.

    Les Royaumes auſſi ſans aucun contredit
Tombent en pauureté, grand malheur, & eſclãdre,
Lors que l'enfant cruël oze bien entreprendre
Ses cornes éleuer, pour ſon Pere chenu
Aſſaillir, & naurer auecque le fer nu:
Ou quãd le Couſin vend (bouillonnãt de cholere)
Le ſang de ſon Couſin, la fille de ſa mere,
Et l'Oncle du Nepueu pourchaſſe le treſpas,
Alors il eſconuient iuger que tels debas
Sõt ſignes treſ-certains, qu'en bref tẽps le Royaume
Deuiendra foudroyé: tout ainſi que le Chaume

Qu'vn Berger ocieux ayant ià ressenty
Du Scythique frimas le souflet engourdy,
Brulote par les champs, & ses mains frissonnantes
Mõstrét des challumeaux les flamméches ardãtes:
Celuy qui fueilletant les liures, ne voudra
Se lasser de trauail: en la fin trouuera
Que des Grecs & Latins les histoires certaines,
Et des François aussi, regorgent toutes pleines
D'exemples adaptées sur ce mesme discours.
Les Princes fauoris d'Alexandre, en brefs iours
Furent exterminez par les guerres ciuiles.

Les Romains possesseurs de tant de belles villes,
Ayans en diuers lieux d'vn Corselet plongé
Au marais Stygien, soubs leurs dextres rangé
Tout ce que l'Ocean de ses bras enuironne,
Aux champs Pharsaliens perdirent la Couronne
Que leurs Peres vaillans auoient sceu noblement
Par feu, par fer, par sang, par dangers & tourment
Colloquer sur le haut de leur chef trop superbe.

Gisante par la faux iamais on ne veit herbe
Mieux perdre sa verdeur, que le Sceptre ancien
Des Allemans a fait, quand charmez du lien
De Luther Apostat, le grand Tyran Solyme
Ioyeux de leurs debats leur, osta le regime
De Bude, de Belgrade, exelentes citez.

Les mesmes heritiers de Selim, excitez
D'vn pareil aiguillon, aux pleines de Scamandre
Rogues s'efforceront le sang Chrestien espandre:
Ou voir des Rhodiens les obliques rampars
Regorger fourmillans des Lunez estandars:
Ou guidez par argent de la Foy Geneuoise,
Dans le sein plus fecond de la Terre Gregeoise,
Dans l'artique Hellespond: ou cõduicts par la vein
Des freres ennemis au terroir Albanois

Ont deça rafraischi la sanglante querelle,
Les assidus combats, la rage fraternelle
Des soldats Cadmæans, & le mortel venin
Qu'espandirent iadis le Guelfe, & Gibelin:
Car c'est vn poinct certain, que l'estrangere force
Pour nous matter plus tost, iournellement s'efforce
Semer en ces quartiers la ciuile fureur.

Et quoy? nos anciens ont-ils franchy l'horreur
D'vn flot si bouïllonnant, d'vn si rude naufrage?
Ont-ils pas esprouué combien est grand l'orage
D'vn trouble domesticq' alors que Cherebert,
Chilperic l'esuenté, Gontrand, & Sigisbert,
D'vn fraternel discord les Gaules embrazerent
Et de leurs bons subiects les maisons fourragerent,
(Acte d'vn Lestrigon, ou d'vn Scythe outrageux,
D'vn homme Ryphæan, ou d'vn Turc escumeux)
Aussi tost que la mort eut scillé la paupiere
Par vn obscur bandeau, du bon vieillard leur pere?
Comme celuy qui pres du riuage de l'eau
Regardant par les vents s'enfondrer vn bateau,
S'estime bien heureux de n'estre point du nombre
De ceux, qui sont remplis de mechef & d'encombre:
Il rit d'aise, ayant veu le naufrage eminent
S'estre loin esgaré de son chef frissonnant.

Ainsi tres-chers enfants, chacun de vous côteple
Le desastre voisin, se formant à l'exemple
De ceux que les combats, & discords effrenez,
Apres vn long seiour, en fin ont ruynez.
D'vne telle façon la vieillarde parole
Aux Iouuenceaux seruoit d'vne sçauante escole.
O Terre des humains le plancher asseuré:
Qui contemples tousiours le grand Ciel azuré:
Qui benigne nous prends venans au triste monde
Entre tes bras ouuers: Qui grandement feconde

En diuers animaux, nous substantes apres
Des fruicts par toy formez, & nourris tout exprés,
Puis au temps qu'Atropos & la parque mortelle
Ont mis fin à nos iours : soit par mort naturelle
Ou contraincte : & que l'air, ou le courant de l'eau
Refusent octroyer vn permanent tombeau
A quelques corps deffuncts : toy mere profitable
Les reçois neantmoins dans ton sein pitoyable,

　　Doncq' germe de tout bien : dōcq' femme sans es-
Belle en perfection, nourriciere de tous　　　　(poux :
A moy ton fauorit (qui les tiennes loüanges
Ay voulu dilater iusqu'aux peuples estranges
Par le bruit resonant de ma coulante vois,
Loing du peuple m'estant sequestré pour vn mois :
Imitant ce Pybrac l'ornement de nostre aage,
Grād en biēs, en honneurs, sçauoir, & parentage :)
Vueilles donner cet heur que du rude sentier
De vertu ie ne puisse en riens me deuoyer.
Rends moy forclos de mal : ne permets que ma vie
Soit ou d'ambition, ou de maux assaillie,
Donne ferme repos : purge d'afflictions
De la iaune Ceres les halez nourrissons.
Par ta saincte leçon vn chacun prendra cure
D'aproffiter dispos ce que l'Agriculture
Nous promet à foison : le François sentira
Combien vaut vne paix, l'estranger n'osera
Sortir de son païs, les instrumens de guerre
Seruiront à briser les sçillons de la terre.

　　Ia dans les morions, & grauez corselets
La subtile Arachné deuide ses filets :
Et le soldat, du fer de sa dague poincluë,
En forge souffreteux vne courbe charuë
　　O temps ià plusieurs fois à nos yeux souhaité,
Puisqu'estans deuestus de nostre cruauté,

Voyons apres les flots de la perte commune,
L'aage d'or florissant du siecle de Saturne!
  VIGILANT ie plaçois les premiers fondemés
Du champestre manoir, quãd mes pieds tracassans
Vagabond ie plantois sur la face areneuse
Du voltigeant grauois, où Marne perilleuse:
Marne aux bords éleuez, prez les rãparts de Me-
D'vn marcher auãcé traine ses verdes eaux (aux
Desfestré par apres des Citoyennes ombres,
Des rigoureux assauts de maints rudes encombres,
Le Peintre i'ay suiuy, qui prenant du Charbon,
Trace les premiers traicts : puis charge son crayon
Des plus vifues couleurs : si que le sien visage
Sans trefue ny repos se-cole à tout l'ouurage:
Il fretille des doigts, & mettant sur le feu
Les aduerses couleurs, les mesle peu à peu
Pour son bois enrichir : en la forme que l'Ourse.
En lechant & baisant, adextrit à la course
Le fardeau peu dispos, & de son laid enfant
Les membres aplanit. Car comme bien souuent
L'Architecte fameux conçoit en sa pensee
Du futur bastiment & la forme, & l'Idee,
Et le grossier patron, affectant d'vne part
Conioindre par labeur, la matiere auec l'art:
En la fin contemplant son toict vestu d'Ardoise
Parachewé du tout, en son cœur il rit d'aise:
Saouler ne se pouuant de mirer chasquefois
Du logis assouuy les murs ou les parois,
Les Oualles dressees, les rogues frontispices,
Et des ais lambruchez les braues artifices.
De pareille façon ayant d'vn cœur hautain
Le Colosse present esbauché d'vne main
Indomtable au trauail, & sur la Carte belle
Du Rustique Palais desseigné le modelle

Vifuement allumé du brazier doucereux,
Dont l'esprit remuant d'Vlysse genereux
Fut iadis repicqué quand fuyant les haleines
De Calypse : & la voix des charmantes Sirenes,
Esbranlé sur les eaux du siflant tourbillon,
Regreta le foyer de l'Ithaque maison.
Tost apres i'estoquay la ceincture premiere
Pour fabriquer ces vers par soigneuse maniere,
En la mesme saison que le Barreau criard
Se remarquoit müet : Quand le foible rampart
De Ceres accable d'vne charge pesante
Contre terre panchoit sa teste blondissante,
Desirant s'exemter de l'antique fardeau,
Quand le fil d'vn Torrant faisant rouler son eau
Par les terres crochus, par le creux des vallées,
Bouillonnant, & tournant rauissoit submergées
Les Auoines tondues des bras du Moissonneur :
De sorte que la main de l'auare Glaneur
Parmy les champs couuerts de pluye si cruelle,
Vn espic ne trouuoit pour former sa Iauelle :
Quãd les Cyclopes nuds rehaußãs leurs marteaux,
A Iupiter fumeux cinq cens mille cousteaux
Foudroyans suggeroient, pour nos simples courages
Effroyer par les dards de si picquans orages
Non encor esprouuez : que l'esclair tremblotant
Du Voyageur peureux l'œil rendoit bluetant.
Et quand l'air vomissant sa rage, & sa tempeste
Explanoit les Chasteaux : rendant basse la creste
Des superbes logis, & auec les rochers
Et les arbres fueillus, escrageoit les Vachers.
Ceste saison rendant si lente ma parole,
Contraint me retiroit des aduis d'vn Sceuole
Pleins de graues discours, pour aller poursuiuant
En vn calme seiour, le soulas decevant

Ses

Les plus rares esprits, & de face non bleme
Hors des Toicts querelleux m'esgayer en moy-
　　　mesme:
　　Reuiēnēt dōcq les iours, ausquels du tout exēpts
Des Tragiques discours, des pieges engluants
De sale Volupté, nous puißions pacifiques
De prez flairans l'odeur des delices rustiques:
Apres auoir saigneux ce Vase trauaillé,
Et en heur, & en paix nos vieux ans escoulé,
Au departir forcé de l'ardante fumée
Paruenir aux sommets du grand Ciel Empyrée.

F I N.

ODE DE PHILIPPE DES PORTES SVR LE PLAISIR de la vie Rustique.

Bien heureux qui peut passer sa vie
Entre les siës fräc de haine & d'enuie,
Parmy les chäps les forests, & les bois,
Loin du tumulte et du bruit populaire.
Et qui ne vend sa liberté, pour plaire
Aux passions des Princes & des Rois.

Il n'a soucy d'vne chose incertaine,
Il ne se paist d'vne esperance vaine.
Nulle faueur ne le va deceuant:
De cent fureurs il n'a l'ame embrasee,
Et ne maudit sa ieunesse abusee,
Quand il ne treuue à la fin que du vent.

Il ne fremit quand la mer couroucee
Enfle ses flots, contrairement poussee,
Des vens esmeuz, souflans horriblement:
Et quand la nuiƈt à son aise il sommeille
Vne trompette en sursaut ne l'esueille
Pour l'enuoyer du liƈt au monument.

L'ambition son courage n'attise,
D'vn fard trompeur son ame il ne desguise,
Il ne se plaist à violer sa foy.
Des grans seigneurs l'oreille il n'importune:
Mais en viuant coment de sa fortune,
Il est sa court, sa faueur, & son Roy.

Sa volonté serue n'est point contrainte,
Il est tout franc d'esperance & de crainte,
Bourreaux cruels des tristes Courtisans:
Car la frayeur l'ame & le cœur leur gele,

Et l'eſpoir vain ſi fort les enſorcelle,
Qu'ils ne font cas de voir perdre leurs ans,
 Ie vous rends grace, ô Deitez ſacrees
Des monts, des eaux, des foreſts, & des prees,
Qui me priuez de penſers ſoucieux,
Et qui rendez ma volonté contente
Chaſſant bien loin la miſerable attente,
Et les deſirs des cœurs ambitieux,
 Dedans mes champs ma penſee eſt encloſe,
Si mon corps dort mon eſprit ſe repoſe,
Vn ſoin cruel ne le va deuorant:
Au plus matin la fraicheur me ſoulage,
S'il fait trop chaud ie me mets à l'ombrage,
Et s'il fait froid ie m'eſchauffe en courant.
 Si ie ne loge en ces maiſons dorees,
Au front ſuperbe aux voutes peinturees,
D'azur, deſmail, & de milles couleurs.
Mon œil ſe paiſt des threſors de la plaine,
Riche d'Oeillets, de Lys, de Mariolaine,
Et du beau teint des printanieres fleurs:
 Dans les Palais enflez de vaine pompe
L'ambition, la faueur qui nous trompe,
Et les ſoucis logent communememt:
Dedans noz champs ſe retirent les Fees
Roynes des bois à treſſes decoifees,
Les ieux, l'Amour, & le contentement.
 Ainſi viuant rien n'eſt qui ne m'agree,
Ioy des oyſeaux la muſique ſacree,
Quand au matin il beniſſent les cieux:
Et le deux ſon des bruyantes fontaines
Qui vont coulant de ces roches hautaines
Pour arrouſer noz prez delicieux.
Que de plaiſir de voir deux Colombelles
Bec contre bec entremouſſant des aiſles,

Mille baisers se donner tour à tour!
Puis tout rauy de leur grace naïue
Dormir aupres d'vne source d'eau viue,
Dont le doux bruit semble parler d'amour!
    Que de plaisir d'vnir sous la nuict brune
Quand le Soleil a fait place à la lune,
Au fond des bois les Nymphes s'assembler,
Monstrer au vent leur gorge descouuerte,
Danser, sauter, donner la cotte-verte,
Et sous leurs pas, tout l'herbage trembler?
    Le bal finy, ie dresse en haut la veuë
Pour voir le teint de la lune cornuë,
Claire, argentee, & me mets à penser
Au sort heureux du pasteur de Latmie:
Lors ie souhaite vne aussi belle amie,
Mais ie voudrois en veillant l'embrasser.
    Ainsi la nuict ie contente mon ame,
Puis quand Phœbus de ses rais nous enflame,
I'essaye encor mille autres ieux nouueaux,
Diuersement mes plaisirs i'entrelasse.
Ores ie pesche, or' ie vay à la chasse,
Et or'ie dresse embuscade aux oyseaux.
    Ie fay l'amour, mais c'est de telle sorte,
Que seulement du plaisir i'en rapporte,
N'engageant point ma chere liberté:
Et quelque laqs que ce Dieu puisse faire
Pour m'attraper quand ie m'en veux distraire
I'ay le pouuoir comme la volonté.
    Douces brebis, mes fideles compagnes,
Hayes, buissons, forests, prez & montagnes,
Soyez, tesmoin de mon contentement:
Et vous (ô Dieux faites, ie vous supplie
Que ce pendant que dur era ma vie,
Ie ne cognoisse vn autre changement.
                    FIN.